PRÉSUMÉ COUPABLE

DÉJÀ PARUS DANS LA MÊME COLLECTION

1. Jeux de dames à Copenhague
2. Ces dames au casse-pipe
3. La Chasse aux femmes
4. Les Madones de Barcelone
5. Les Nymphes de Saint-Germain
6. La Demoiselle d'Orléans
7. Les Filles de Barbe-Bleue
8. Les Sirènes de l'Opéra
9. Les Femmes du gourou
10. Les Esclaves du dragon
11. Le Jardin des délices
12. La Foire aux filles
13. Les Diablesses de Soho
14. L'Étrangleur de ces dames
15. Les Anges du commissaire
16. Les Biches de Pattaya
17. Les Amazones du bois de Boulogne
18. La Vénus de Venise
19. Les Loups du Rhin
20. La Tigresse de Malte
21. Les Dames de compagnie
22. Le Vampire des Antilles
23. La Papesse de Zurich
24. La Diabolique de Bruges
25. La Tueuse de Hong Kong
26. Les Femmes fatales
27. Demoiselles de la clé
28. La Call-girl des Halles
29. Les Filles de l'Organisation
30. Les Débauchées de Hollywood
31. Les Innocentes pour un massacre
32. La Perverse de Vienne
33. Les Scandaleuses de Singapour
34. Les Innocentes aux mains pleines
35. Les Pêcheresses des Saintes
36. Les Jeunes Perverses
37. Le Salon des dames perdues
38. Les Pouliches d'Arabie
39. L'Experte volage
40. L'Allumeuse des jackpots
41. Les Filles indignes
42. La Dame à la came
43. Jeunes proies pour loup-garou
44. La Dame de Birmanie
45. Les Sirènes du Vieux-Port
46. Les Magiciennes de Rome
47. Les Petites Gourmandes
48. Les Dames de la nuit
49. La Prêtresse aux seins nus
50. Les Novices de Kalgaï
51. La Rousse de Dublin
52. La Vallée des Sataniques
53. Les Démones de minuit
54. Les Vengeuses
55. Les Damnées de Caracas
56. La Flic
57. Les Exaltées de Colombo
58. Les Amazones de Bavière
59. La Débutante
60. Les Panthères du trottoir
61. Les Tueuses
62. Les Excitées de Manhattan
63. La Stripteaseuse
64. La Chienne d'Istanbul
65. Profession call-girl
66. Les dingues du Hainaut
67. Les Délices de Chinatown
68. La Belle de la Mafia
69. Les Reines de la nuit
70. La Petite sournoise
71. Les Belles insolentes
72. Les Nuits de Los Angeles
73. La Vie secrète d'Eva Norge
74. Les Chimères du crépuscule
75. L'Envers des choses
76. Les Traîtresses
77. Un si étrange plaisir
78. La Femme possédée
79. Les Initiés
80. L'Insaisissable
81. La Femme de l'ombre
82. Le Cri de la baleine
83. La Vérité sur Isabelle Aprieux
84. Medellin blues
85. La Passante du crépuscule
86. L'Autre côté de rien
87. Enquête réservée
88. Aucune femme n'est parfaite
89. Enquête sur un canard boiteux
90. La Nuit russe
91. Un monde à part
92. Un homme et des femmes
93. Un été seulement
94. Un certain soir
95. Le périscope rouge
96. Mourir à Paris
97. Dame de lune
98. Un pourri comme les autres
99. La Dernière Partie
100. Terreurs d'Asie
101. Paradis noir
102. Parties mortelles
103. Venue de Thaïlande
104. Rue chaude
105. Un Monde si cruel
106. Un si joli piège
107. Les Neuf Sœurs
108. Poupée de sang
109. Une si docile interprète
110. Vente au détail
111. Le Rapt de Sophie
112. Fausse sortie
113. Chaleurs corréziennes
114. Alerte à la blonde
115. Sexe, atome et vidéo
116. Le prix de l'argent
117. L'envers du jeu
118. La fille de Bangkok
119. La mort au bout de la nuit

PIERRE LUCAS

PRÉSUMÉ COUPABLE

POLICE DES MŒURS

VAUVENARGUES

ISBN : 2-7443-0055-1

Lundi... trois heures du matin...

Les mains sur les hanches, l'homme contemplait le cadavre allongé devant lui. Puis, sans en prendre conscience, il se mit à gratter, d'abord le haut de son crâne, ensuite sa poitrine et son torse signe d'une grande perplexité chez lui. Qu'allait-il faire de cette femme ?

C'est seulement après un long moment que lui vint une idée. Il ne chercha pas à l'évaluer, à savoir si elle était bonne ou mauvaise. Il avait trouvé une idée, c'était pas mal vu les circonstances.

Il se pencha sur le corps et le prit dans ses bras, comme il l'avait fait maintes fois auparavant, alors que la femme était encore vivante. Dieu qu'elle était légère ! Il est vrai qu'elle avait toujours soigné sa ligne et mené une guerre impitoyable aux kilos superflus.

Il sortit de la pièce et se dirigea vers sa voiture. Il réussit à en ouvrir le coffre sans lâcher son encombrant fardeau et le déposa dedans. Puis, il en rabattit le couvercle, se mit au volant et tourna la clé de contact.

Quelques minutes plus tard, il roulait en direction de l'endroit, pas mal du tout à ses yeux, où il savait pouvoir se débarrasser discrètement de celle à qui il ne ferait plus jamais l'amour...

CHAPITRE PREMIER

Sacha Oulianov poussa un hurlement de douleur, très assourdi par le masque de cuir noir et clouté qui lui recouvrait la tête. Le fouet venait de claquer sur ses fesses, et il avait beau s'y attendre, c'était toujours la même sensation, mélange de douleur violente et d'intense satisfaction.

Il entendit la lanière siffler à nouveau et un deuxième coup le frappa presque au même endroit, lacérant l'amas de chair blanche qu'il offrait au regard de sa maîtresse à la lueur blafarde d'un clair de lune pourtant généreux. L'été approchait et aucun nuage ne venait obscurcir la voûte céleste. Les parfums de la forêt commençaient à monter d'une végétation renaissante.

Sonia lui avait enlevé ses lunettes, avait baissé son pantalon et son slip et l'avait attaché face à un arbre, les mains menottées de l'autre côté du tronc qu'il enserrait de ses bras comme il l'aurait fait pour une femme aimée. Une camisole de contention, de cuir noir et clouté elle aussi, lui couvrait le haut du corps, dont seul le bas était dénudé. Il sentait l'écorce rugueuse lui râper le ventre, le sexe et les cuisses.

Elle-même ne s'était pas déshabillée. Elle s'était contentée d'ouvrir largement son corsage, offrant à sa vue une paire de seins fermes et volumineux libres de toute entrave. Elle avait aussi enlevé sa culotte par précaution, pour le cas où son amant voudrait la posséder rapidement dès qu'il serait en forme.

Elle savait que ses érections ne duraient jamais très longtemps et qu'il valait mieux saisir le moment au vol...

La cravache fouetta l'air et vint s'abattre une troisième fois sur son postérieur, faisant apparaître sur les masses blanchâtres et gélatineuses une traînée rougeâtre d'où commençaient à perler quelques gouttes de sang.

— Alors, grand salaud, tu as honte de ce que tu as fait ? lui cria Sonia sur un ton de reproche.

Elle ne prenait aucune précaution pour ne pas être entendue. Il était quatre heures du matin et ils se trouvaient dans une clairière en plein milieu de la forêt de Fontainebleau, à peu près certains d'y être seuls à cette heure-ci de la nuit, une heure où les derniers couples de noctambules en quête de coins discrets étaient déjà rentrés chez eux et où les premiers fous de sport n'étaient pas encore habillés pour leur jogging matinal.

— Oui, maîtresse, j'ai honte... très honte !

Malgré ce repentir chuchoté dans le masque, un quatrième coup de fouet, puis un cinquième ajoutèrent leurs traces aux précédents sur les grosses fesses de l'homme.

— Tu ne le feras plus ? Tu ne licencieras plus personne ?

— Non, maîtresse, je ne le ferai plus !

Sacha recula, semblant tendre son arrière-train davantage encore vers le fouet qui le martyrisait. C'était un signe. Sonia savait qu'il commençait à réagir comme prévu au traitement qu'elle lui infligeait.

— Tu bandes, hein, salaud ! Tu bandes parce que tu aimes être puni pour tes mauvaises actions !

— Oui, maîtresse, je bande.

Elle continua de le frapper une dizaine de fois à un rythme de plus en plus rapide, dosant ses coups avec application pour ne pas le blesser trop profondément. Ce rituel faisait partie de leurs relations. C'est ce qu'il attendait d'elle et elle le savait.

— Maintenant, maîtresse... maintenant..., parvint-il enfin à articuler entre deux gémissements.

Sonia constata que le membre viril de sa « victime » avait effectivement trouvé sa taille optimale, mais lui donna encore deux coups de fouet, par vrai sadisme personnel, cette fois. Ces hommes qui disposaient de pouvoirs importants dans la vie et qui ne pouvaient jouir que lorsqu'ils étaient humiliés la dégoûtaient. Mais Sacha payait bien et c'était l'essentiel.

Elle s'approcha de lui en sortant une petit clé de sa poche.

— Tu ne le feras plus, salaud ? C'est bien promis ? lui répéta-t-elle en détachant ses menottes.

— Non, maîtresse, je ne le ferai plus, promit Sacha en se massant les poignets.

— A la bonne heure ! Tu as droit à ta récompense ! Par où veux-tu me baiser ?

— La bouche, maîtresse… la bouche !

— Tu aimes que je te suce, hein, mon salaud !

— Oui, maîtresse, j'aime ça !

Elle le fit pivoter sur le côté, s'agenouilla devant lui et prit dans sa bouche le membre gonflé, qu'elle commença à pomper avec application. L'homme se remit à gémir, mais cette fois, ce n'était plus de douleur.

— Oui, maîtresse… oui… c'est bon !

Il se pencha en avant, enfonça ses mains dans le corsage déboutonné, lui saisit les seins et se mit à les malaxer, à les tordre et à en pincer les bouts, qu'il faisait rouler entre le pouce et l'index.

Sonia sentit le membre devenir de plus en plus dur dans sa bouche et accéléra son mouvement de va-et-vient. L'homme lui torturait la poitrine, mais c'est ce qu'il aimait, et elle ne détestait pas non plus cette violence un peu animale.

Sacha se mit à donner des coups de reins de plus en plus désordonnés et elle sut qu'il allait en finir. A ce stade d'excitation, ce n'était jamais très long avec lui…

Il poussa soudain un grand cri de satisfaction, encore étouffé par son masque, et elle sentit une giclée de liquide chaud et crémeux lui envahir la bouche. Elle garda le sexe de l'homme enfoncé jusqu'à sa glotte pendant qu'il se vidait, puis le lâcha pour cracher la semence dans les feuillages. Elle se redressa et s'essuya la bouche avec un Kleenex.

— Tu avais vraiment les couilles pleines, mon salaud ! dit-elle à l'homme en souriant.

— Normal. Ça fait bien quinze jours qu'on ne s'était pas vus ! lui répondit-il en enlevant son masque et en reprenant son souffle.

— Qu'est-ce qui t'empêche de venir me voir plus souvent ? lui demanda-t-elle en reboutonnant son corsage.

— Tu me coûtes cher à chaque fois ! répondit Sacha en remettant son pantalon.

— Traite-moi de pute pendant que tu y es ! s'offusqua Sonia.

— Ce n'est pas ce que j'ai voulu dire, tu le sais bien. N'empêche que l'appartement... les petits cadeaux... les vêtements...

Sonia savait qu'il avait raison. Elle avait calculé qu'elle lui coûtait plus de vingt mille francs par mois. Peu de chose pour lui, mais quand même... Il valait mieux changer de conversation.

— Et ta femme, tu ne la baises plus ?

— Évitons le sujet, tu veux.

Sacha Oulianov s'était découvert ce goût pour la douleur quelques mois auparavant un peu par hasard. Jusque là, il s'était contenté d'une vie sexuelle plutôt banale entre une épouse bonne ménagère assez portée sur la bagatelle mais manquant totalement d'imagination, et quelques maîtresses occasionnelles choisies parmi les secrétaires de son entreprise de travaux publics qui ne pouvaient guère lui refuser leurs services sous peine de licenciement rapide. Pour médiatiques qu'elles soient, toutes les lois anti-hacèlement sexuel ne pourraient jamais rien contre les nécessités économiques !

Il était sorti un soir avec Sonia, qu'il avait trouvée dans une boîte de nuit après une soirée bien arrosée avec des clients importants, et en arrivant au lit, il n'avait rien pu lui faire : il avait trop bu. Pour le réveiller, elle l'avait giflé, puis lui avait pincé les plis du ventre, et curieusement, sous la douleur, il s'était mis immédiatement à bander.

— Tu vois mon salaud que tu aimes ça ! lui avait-elle susurré à l'oreille avant de l'enfouir dans sa bouche.

Elle l'avait sucé lentement, puis était venue à califourchon sur lui et s'était empalée sur son membre en continuant de lui donner des gifles et en lui pinçant les tétons de temps en temps.

Elle l'avait chevauché ainsi jusqu'à ce qu'il se vide en elle avec un grand cri de plaisir. Jamais il n'avait autant joui auparavant.

Depuis, il ne pouvait plus faire l'amour autrement. Il avait besoin de ces sévices, de cette violence et peu à peu, ils étaient passés des simples pincements aux morsures, puis aux coups de ceinture. En fin de compte, il avait fait acheter à Sonia dans une boutique spécialisée de la rue Saint-Denis, à Paris, un équipement sado-maso avec masque en cuir, fouet, menottes, cravache et tous ces instruments de torture qu'il avait regardés autrefois avec une curiosité un peu dégoûtée.

Naturellement, Sonia s'était rapidement rendu compte du pouvoir qu'elle avait acquis sur lui. Elle savait aussi qu'il tenait à ce qu'elle garde le secret sur ses penchants pervers et elle avait commencé à faire monter les enchères en glissant dans leurs conversations avec beaucoup de tact, mais sans ambiguïté, la liste des « petits cadeaux » qui lui feraient plaisir.

Ainsi pouvait-elle habiter un superbe appartement luxueusement meublé dans le centre de Fontainebleau, dont Sacha payait naturellement le loyer… Ainsi conduisait-elle une Clio Baccara pratiquement neuve dont Sacha avait réglé la facture… Ainsi disposait-elle d'une garde-robe confortable grâce à un compte ouvert dans les meilleures boutiques de vêtements de la ville, dont Sacha passait régler les découverts sur simple appel téléphonique…

Pas vraiment du chantage, pas vraiment de la prostitution, un simple échange de bons procédés dont ni l'un ni l'autre n'était dupe. Mais Sacha était tellement riche !

Ils finissaient de se rhabiller quand Sonia s'immobilisa soudain, l'oreille aux aguets.

— Écoute… quelqu'un vient !

Sacha tendit l'oreille à son tour. De temps en temps, des voitures passaient à vive allure sur une route importante dans le lointain, mais il finit effectivement par percevoir, plus proches, les craquements discrets de pas étouffés par le tapis de feuilles mortes et le frôlement de jambes qui se déplaçaient en frottant les fougères.

— C'est sûrement des amoureux. On va se rincer l'œil ! se réjouit Sonia.

— Ce n'est pas le moment de se faire prendre, murmura-t-il dans le cou de la jeune femme en s'accroupissant derrière un buisson et en l'obligeant à l'imiter.

Il lui était complètement égal que son épouse, l'opulente Svetlana, apprenne sa liaison, mais sa situation de chef respecté de l'une des plus importantes entreprises de travaux publics de la région faisait de lui une proie facile pour les racontars dans les dîners en ville.

— Vous ne connaissez pas la dernière ? Sacha Oulianov est masochiste ! Si, si, ma bonne dame ! On l'a surpris à poil dans la forêt en train de se faire fouetter les fesses par une fille !

Nul doute qu'une telle rumeur aurait de fâcheuses répercussions sur la marche de son entreprise. Et la Société de Constructions Bellifontaine, c'était l'œuvre de sa vie.

La lueur du clair de lune lui permit d'apercevoir une silhouette qui s'approchait, mais sans ses lunettes, qu'il avait laissées près de l'arbre de son « supplice », il ne la distinguait que très vaguement. C'était apparemment un homme et il semblait porter un fardeau de forme oblongue assez lourd sur les épaules.

Instinctivement, Sacha et Sonia, qui avait également aperçu l'homme, bloquèrent leur respiration. Que faire s'il les découvrait ?

Avec soulagement, ils virent l'intrus s'arrêter à quelques mètres d'eux, près d'un amas de fougères arborescentes. Il prit son élan en pliant les genoux puis, d'un coup de reins, jeta son fardeau dans le buisson. Il se pencha ensuite sur le trou qui avait été creusé, on ne sait pour quelles raisons, il y a bien longtemps, dans la terre meuble de la forêt et sembla ajuster le ballot. Puis, il s'efforça de remettre en place les tiges de fougères qui avaient été dérangées de façon à ce que le paquet soit bien caché aux regards.

Il ramassa un morceau de tissu qui avait dû envelopper le colis, l'enroula vaguement sur lui-même pour mieux le transporter, fit demi-tour et reprit la direction d'où il était venu.

Sacha et Sonia ne bougèrent pas tant que l'homme fut dans leur champ de vision. Ils entendirent enfin un bruit de démarreur, puis le ronronnement d'un moteur de voiture qui s'éloignait dans le lointain.

— On a eu chaud ! murmura Sacha en se redressant.

— Qu'est-ce qu'il a jeté, d'après toi ? demanda Sonia, inquiète.

— Aucune idée et je m'en fous !

Sacha n'était pas tout à fait sincère, mais la crainte de connaître la vérité le faisait reculer. En fait, il préférait ne pas savoir.

— Allons voir ! proposa Sonia en sortant du fourré.

— Non, ce ne sont pas nos oignons ! lui dit-il en essayant de la retenir.

— Si ! Allons voir, insista Sonia en se dégageant.

Elle sortit de leur cachette et Sacha la suivit, contraint et forcé.

Il savait qu'il était inutile d'essayer de l'arrêter : elle n'en ferait qu'à sa tête.

Ils se dirigèrent vers le buisson de fougères et en écartèrent les tiges.

— Merde alors ! fit Sonia, tétanisée devant le spectacle.

Elle venait d'apercevoir un visage de femme. Le premier instant de stupeur passé et le clair de lune aidant, elle se rendit compte qu'elle avait les yeux fermés et un énorme trou dans la tempe droite. Elle ne pouvait qu'être morte.

— Allons-nous en ! dit Sacha en se redressant. Vite !

Lui aussi avait vu et ne tenait absolument pas à s'attarder.

— Attends… regarde !

Sonia lui montrait un petit pistolet que la femme tenait dans la main droite. Manifestement, l'homme qui avait jeté là le cadavre avait organisé une mise en scène laissant croire qu'elle s'était tuée elle-même.

— Allons-nous en, je te dis ! insista Sacha. On ne va pas se mêler de cette histoire.

Il attrapa la main de sa maîtresse et la tira en arrière.

Ils regagnèrent le lieu de leurs ébats amoureux, récupérèrent leurs affaires et s'enfuirent en direction de leurs voitures respectives aussi vite que le leur permettaient leurs jambes tremblantes.

Sacha, qui avait enfin récupéré ses lunettes, embraya sur les chapeaux de roues, inquiet d'être surpris en cet endroit.

Car la femme morte, il l'avait nettement reconnue !

Lundi, quatre heures du matin.

L'homme rentra chez lui avec un sentiment du devoir accompli, assez satisfait de la solution qu'il avait retenue.

C'était bien la meilleure après tout. Personne ne l'avait vu. Le lieu où il avait déposé le corps était isolé de toute habitation et il n'avait rencontré âme qui vive sur sa route.

L'homme se mit au lit, mais malgré l'heure tardive, éprouva bien des difficultés à s'endormir.

Ce n'est pas tous les jours qu'on doit se débarrasser du cadavre d'une femme qu'on a aimée...

CHAPITRE II

— Ah, Gribo, tu tombes bien. Il faut que je donne un coup de main à notre amie Anne dans son enquête sur les faux dollars... tu peux voir avec monsieur ?

L'inspecteur Alexandre Gribovitch venait d'arriver dans son bureau des Affaires Spéciales, rue de Lutèce, quand son patron, le commissaire Pierre Griffon, y fit irruption. Il était accompagné d'un homme d'une quarantaine d'années portant beau, aux cheveux blonds et ondulés soigneusement coupés, dont le visage viril lui dit vaguement quelque chose.

— Raoul Versant... se présenta l'homme en lui tendant la main.

— ... député de la quatrième circonscription de Seine-et-Marne, celle de Fontainebleau..., ajouta Griffon pour compléter les présentations.

C'était donc ça ! Il avait dû le voir au journal télévisé défendre un quelconque projet destiné à l'amélioration du fonctionnement de la société, comme la plupart de ses semblables qui tenaient à laisser leur nom à une loi ou à un décret susceptible de les faire entrer dans les livres d'histoire qu'étudieraient les générations futures : la loi Machin... l'amendement Truc ou le décret Bidule...

— Mes respects, monsieur le député, dit Gribovitch en s'asseyant et en faisant signe à son interlocuteur d'en faire autant, après que Griffon les eût laissés seuls. Que puis-je faire pour vous ?

Vesrant s'installa. A sa respiration saccadée, on pouvait constater qu'il était tendu.

— Je l'ai exposé au commissaire Griffon. Ma femme a disparu, inspecteur.

Il avait une belle voix grave, une voix de séducteur et de tribun habitué à haranguer les foules. Nul doute que cet homme-là devait plaire aux femmes !

— Depuis longtemps ?

— Huit jours aujourd'hui, inspecteur. Je suis naturellement inquiet.

— On le serait à moins ! Vous n'avez pas prévenu le commissariat ou la gendarmerie de Fontainebleau ?

— Non... j'ai préféré m'adresser à vous. Je crains toujours les indiscrétions intempestives. Je ne tiens pas à trouver cette affaire à la une de la presse.

— La presse ? s'étonna Gribovitch. Nous serons bien obligés de faire appel à elle si nous sommes amenés à diffuser un avis de recherche. Que craignez-vous ?

Il le devinait un peu. Depuis quelque temps, les journaux s'étaient mis à faire ce qu'ils appelaient « du journalisme d'investigation » et avaient causé bien du tracas à la classe politique, de gauche comme de droite. La méfiance était donc de mise.

— C'est que… voyez-vous… ce n'est pas la première fois, répondit le député en baissant les yeux. Mais d'habitude, Louana, je veux dire ma femme, ne reste pas aussi longtemps absente. Deux ou trois jours, sans plus. Je devrais d'ailleurs peut-être dire… deux ou trois nuits.

Gribovitch hocha la tête. Il comprenait maintenant pourquoi le député recherchait tellement la discrétion. En termes clairs, sa femme le trompait allègrement et il ne tenait pas à ce que la nouvelle s'ébruite.

— Et… vous savez où elle va ?

Raoul Versant hésitait. Il ne devait pas lui être facile de prononcer le nom de son rival.

— Gilles Spartacus…, avoua-t-il dans un souffle. Un petit musicien antillais qui habite près de Fontainebleau, une maison en lisière de la forêt. Un nabot maigrichon, genre rasta, drogué et alcoolique, qui joue de la musique dans les boîtes de nuit de la région.

Sous-entendu : « Je ne comprends vraiment pas qu'elle me trompe, moi un homme tellement brillant, avec un type aussi minable ! » Mais était-il sincère et objectif en décrivant son rival ?

— Il y a longtemps qu'elle le fréquente ? demanda Gribovitch timidement, presque aussi gêné que son interlocuteur.

— Six mois, monsieur l'inspecteur ! Six mois qu'elle s'est entichée de cette épave et qu'elle lui fournit l'argent pour sa drogue et son rhum. *Mon* argent !

Alex hocha la tête, compatissant. Le député

Versant était jeune et plutôt beau gosse. Il était certainement très intelligent et jouissait d'une situation financière confortable. Et pourtant, sa femme le trompait avec un type qui ne lui arrivait certainement pas à la cheville.

Gribovitch non plus ne comprenait pas toujours les femmes. Était-ce la raison pour laquelle il ne s'était jamais marié ? Il faudrait qu'il se pose sérieusement la question un jour où il en aurait le temps...

— Vous avez téléphoné à ce... ce monsieur pour savoir si votre épouse était chez lui ?

— Bien sûr. Il m'a dit qu'elle n'était pas là, mais comme j'avais quand même un doute, je l'ai fait vérifier. Je connais bien le commissaire Ledru, qui dirige la police de Fontainebleau. Je sais qu'il gardera le secret. Il a enquêté discrètement et il a été formel : elle n'y est pas.

— Elle avait une voiture ?

— Une Peugeot 106 blanche. Je la lui avais achetée le mois dernier. Disparue aussi. Par contre, elle n'a pas emporté de valise ni de sac de voyage. Seulement son sac à main. Ses bijoux, ses affaires de toilette, tout est encore à la maison.

— Elle n'est pas allée dans sa famille ou chez des amis ?

— J'ai fait le tour du problème de ce côté-là aussi. J'ai contacté sa famille, la mienne et nos relations communes. Rien.

— Pas de menace... de demande de rançon ?

— Aucune ! D'ailleurs, même si je mène un train de vie confortable, je ne suis pas vraiment un homme riche. Et je n'ai pas non plus une influence politique très importante. En tout cas pas encore. Je ne vois pas ce qu'un maître-chanteur pourrait exiger de moi.

— Très bien, monsieur le député. Nous allons donc établir une fiche de recherche dans l'intérêt des familles. Vous avez une photo de votre épouse ?

— J'y ai pensé, dit Raoul Versant en fouillant dans son portefeuille. La voici…

Gribovitch saisit le petit rectangle de papier que son interlocuteur lui tendait et contempla la photo. Il ne put retenir une petite moue admirative. Avec ses cheveux auburn bouclés coupés court, ses grands yeux rieurs et sa bouche pleine de promesses, Madame Versant était vraiment une femme très séduisante.

— Eh oui, inspecteur, je faisais des envieux…, commenta Versant, à qui la réaction du policier n'avait pas échappé. Mais maintenant…

— Rien n'est perdu, monsieur le député. Elle va peut-être réapparaître dans les heures qui viennent et vous donner une explication très valable sur son absence. En attendant, je vais prendre sa description plus précise…

Une heure plus tard, scotché devant l'écran de son terminal d'ordinateur, Gribovitch examinait avec attention toutes les fiches de cadavres de femmes non identifiées de race blanche retrouvés dans la région parisienne depuis une semaine.

C'était un pensum fastidieux, mais indispensable, la première démarche à accomplir en cas de recherche de personne. Si la belle Louana Versant avait réellement disparu, peut-être avait-elle déjà été retrouvée sans que les policiers ou les gendarmes n'aient encore réussi à l'identifier. Le cas était fréquent.

Il se bloqua soudain sur une description. D'après la fiche qui apparaissait à l'écran, un corps de femme avait été retrouvé deux jours auparavant en forêt de Fontainebleau.

Elle portait une jupe écossaise et un corsage jaune. Le député Versant avait dit que son épouse portait probablement une robe bleue quand elle avait disparu, mais qu'il n'en était pas certain.

— Vous comprenez, elle a tellement de vêtements, avait-il plaidé pour expliquer son imprécision.

La photo du visage était floue. Elle avait été reconstituée en laboratoire, car le corps était en état de décomposition avancée au moment de sa découverte. Mais les cheveux bouclés auburn avaient fait tilt dans la tête de Gribovitch.

Il cliqua sur la photo et demanda à l'ordinateur d'en faire un agrandissement. En dépit des dommages qu'il avait subi, le visage était cette fois bien reconnaissable. Les petites mains du laboratoire de Roger Dallant avaient encore fait du bon travail.

Il fit imprimer la fiche, puis la photo et retourna dans son bureau.

— Regarde, dit-il à Sophie Leclerc, sa coéquipière,

en lui mettant sous le nez la photo de Louana Versant que lui avait donnée son député de mari.

Elle venait d'arriver au bureau et il n'avait pas encore eu le temps de lui expliquer l'affaire.

— Très jolie femme, admira Sophie en accrochant sa veste d'été au portemanteau.

Avec le retour des beaux jours, elle s'était habillée mini et Alex ne put s'empêcher de se demander pourquoi il ne la draguait pas davantage. Mais c'était sans doute leur convention tacite...

— Et maintenant, regarde celle-ci, dit-il en lui montrant celle sortie de l'ordinateur.

— C'est la même, mais en moins bon état ! diagnostiqua Sophie après un bref coup d'œil.

— C'est bien ce qui me semble aussi. Nous voilà donc avec une affaire résolue et une autre à résoudre.

— Tu décodes, s'il te plaît.

— L'affaire résolue, c'est qu'on a sans doute retrouvé l'épouse du député Versant. L'affaire à résoudre, c'est de savoir qui lui a tiré une balle dans la tête et pourquoi. Assieds-toi que je t'explique tout depuis le début...

*

* *

Roger Dallant était penché sur les lentilles de son microscope électronique à balayage quand Gribovitch fit irruption dans le laboratoire de la préfecture de police. Il tourna à peine la tête en sentant une présence près de lui, et Alex se garda bien de lui parler. Quand Dallant était plongé dans ses observations, une bombe explosant sur le toit de l'immeuble ne l'aurait pas détourné de sa contemplation.

— Un cas intéressant, dit-il en se relevant enfin. On a identifié un individu dont on n'avait retrouvé que le squelette, uniquement en analysant la teneur en calcium de ses os. Un Irlandais qui était venu se faire assassiner dans la région de Montargis il y a trois ans. Quelle idée de faire tellement de chemin pour venir mourir.

Gribovitch échangea un regard de connivence avec Sophie et faillit répondre que l'autre ne l'avait sans doute pas choisi, mais il se retint à temps. Tous deux se contentèrent de hocher la tête avec une moue faussement admirative dont Dallant ne fut pas dupe.

— Je vois... Cela ne vous intéresse pas le moins du monde, dit-il sur un ton désabusé en se dirigeant vers son bureau.

— Mais si ! Mais si ! protesta Alex en lui emboîtant le pas. Je me dis qu'un de ces jours, avec tes microscopes et tes ordinateurs, tu vas finir par nous mettre tous au chômage, nous les malheureux humains qui n'avons que nos petites cellules grises pour retrouver les assassins.

— Tu sais très bien que mes microscopes et mes ordinateurs ne peuvent rien faire sans tes petites cellules grises, comme tu dis. Alors ne joue pas les modestes. Je sais aussi, quant à moi, que vous venez m'interroger pour un cas précis, que c'est le seul qui vous intéresse et que mon Irlandais, vous vous en foutez comme de votre premier sifflet à roulette. Alors je vous écoute. Qu'est-ce que vous allez encore me demander comme miracle ?

Alex alluma une Gitane blonde et lui montra le dossier que Sophie tenait à la main. Tous deux s'assirent en face de lui.

— On a identifié la femme qui a été retrouvée en forêt de Fontainebleau avant-hier. On aurait aimé plus de détails sur sa mort.

Dallant s'empara du dossier que Sophie lui tendait et le parcourut rapidement. Puis, il fouilla dans le fatras de documents qui encombraient sa table de travail et en tira une chemise cartonnée jaune qu'il ouvrit.

— Voilà... c'est la gendarmerie de Fontainebleau qui nous l'a amenée. En piteux état ! Huit jours dans la forêt en cette saison. Le printemps, c'est l'époque où la nature se réveille. Les mouches... les insectes... les limaces... les escargots... tout ce qui vole et qui rampe s'en donne à cœur joie. Vous voulez voir le corps ?

— Non... merci, répondit Sophie, un peu trop précipitamment.

Quand elle travaillait dans un commissariat de province, elle avait, comme tous ses collègues officiers de police judiciaire, aidé les médecins légistes à pratiquer des autopsies, et elle en gardait un souvenir des plus pénibles. Les vers et les mouches grouillant sur les parties molles des corps sans vie... les couleurs verdâtres des chairs putréfiées... le contact des cadavres qu'il fallait empoigner à pleines mains pour les retourner... le bruit de la scie égoïne taillant dans les os de la boîte crânienne... sans oublier les odeurs de putréfaction qui montaient des corps lorsqu'on les ouvrait... L'horreur !

— Et l'autopsie ? ajouta-t-elle pour tenter d'exorciser ces mauvais souvenirs.

— Pas encore faite. On n'a votre cliente que depuis deux jours, et tant qu'elle n'était pas identifiée, il n'y avait pas urgence. Cela dit, vu la taille du trou dans la tête, on ne devrait pas avoir tellement de problème pour déterminer les causes de la mort. Mais maintenant qu'on sait qui elle est, on va s'y mettre.

— Surtout qu'elle n'est pas n'importe qui..., ajouta Gribovitch en lui montrant la fiche d'identification contenue dans le dossier.

Dallant parcourut rapidement la déclaration de disparition signée de Versant, puis la fiche de découverte de cadavre établie par l'ordinateur et poussa un petit sifflement.

— Épouse du député du coin ! Merde alors... je comprends pourquoi c'est vous qui en avez hérité. Un macchabée encombrant !

Il était comme ça, Dallant. A force de vivre dans son univers de fioles, d'éprouvettes et de microscopes, tout sentimentalisme avait disparu de ses diagnostics, et morte, miss Univers n'était plus à ses yeux « qu'un macchabée de plus à décortiquer ».

— Je n'ai pas encore le dossier de découverte du corps, continua Gribovitch, mais d'après les photos que tu nous as envoyées, elle a un trou dans la tempe. On dirait un suicide...

— Si c'est ça, ce sera facile pour vous, répondit Dallant en se levant. Mais pour moi, ça ne change rien. Femme de député, on va lui faire le grand jeu.

*

* *

Assise à son bureau, Sophie Leclerc frappait mécaniquement du tranchant de la main droite sur la brique rouge qu'elle avait posée sur le meuble, près de son sous-main.

— La meilleure méthode pour garder un atemi valable, lui avait dit son moniteur de karaté. Sinon, ta main se ramollit et tes coups perdent en efficacité.

Elle le faisait avec régularité, presque sans y penser. Son esprit était ailleurs. Elle finissait de lire le procès-verbal de premières constatations établi à la suite de la découverte du corps de la belle Louana Versant en forêt de Fontainebleau. Un motard de la gendarmerie locale l'avait apporté aux Affaires Spéciales en milieu de matinée et ils l'avaient trouvé en rentrant du labo.

La présence du cadavre avait été signalée par une patrouille à cheval de la garde républicaine de Paris, qui surveillait maintenant la forêt toute l'année. Le gendarme avait aperçu, du haut de sa monture, une tâche de couleurs vives au milieu d'un amas de fougères et s'en était approché pour voir de quoi il s'agissait. Il n'avait pas été déçu !

La femme tenait un pistolet 7.65 dans la main droite et portait un trou dans la tempe du même côté.

— Tout laisse penser à un suicide, fit remarquer Sophie à Gribovitch après lui avoir résumé les éléments principaux du dossier.

— Si c'est le cas, l'affaire n'est pas close pour autant. Il faudra quand même voir pourquoi l'épouse d'un député a décidé de mettre fin à ses jours.

— Il semble que ce ne soit pas une exception dans le milieu. Souviens-toi du ministre Boulin, et plus près de nous de Pierre Bérégovoy et François de Grossouvre... Notre classe politique est fragile.

— Ce sont les ministres eux-mêmes qui se sont suicidés, pas leurs épouses ! Ces dames doivent quand même être beaucoup moins stressées que leurs chers maris. En attendant, il faut aller annoncer la nouvelle à monsieur le député. Je verrais bien une femme pour ce genre de travail, moi. Qu'est-ce que tu en penses ?

— Salaud ! s'écria Sophie, qui avait parfaitement compris où il voulait en venir. Si c'était une jolie femme qui avait perdu son mari, tu ne te ferais pas prier !

— Mais monsieur le député Versant est un très bel homme. Tu as beaucoup de chance que je te laisse le privilège de le rencontrer.

— Faux jeton ! lui répondit-elle en souriant malgré elle.

— Il y a quand même une chose qui me paraît

bizarre, observa Gribovitch pour changer de conversation. Si cette femme est venue là pour se suicider, où est sa voiture ? D'après les gendarmes, tout le périmètre a été fouillé et ils ne l'ont pas trouvée.

— On peut imaginer qu'elle l'ait abandonnée au bord de la route et qu'un petit malin l'ait repérée et l'ait fauchée. En huit jours, elle est sans doute déjà loin du côté de Prague ou de Varsovie !

Gribovitch hocha la tête. L'hypothèse était valable. Le trafic de voitures volées avec les pays de l'Est était devenu florissant, tout le monde le savait. Mais il s'agissait généralement de grosses cylindrées. Pas de petites Peugeot 106 faites pour la ville.

— N'empêche... c'est bizarre, répliqua-t-il, toujours sceptique. Si je voulais me suicider, je ne vois pas pourquoi j'irais me planquer en plein milieu d'une forêt. La plupart des gens se suicident chez eux. En plus, le revolver, ce n'est pas un moyen féminin de se donner la mort. Trop violent. Ces dames préfèrent les barbituriques, le gaz ou toute autre méthode beaucoup plus douce.

— Tu penses à un assassinat qu'on aurait maquillé en suicide ?

— Il faut tout envisager, mais attendons l'autopsie. Pendant que tu iras annoncer la mauvaise nouvelle à monsieur le député, j'irai rendre une petite visite à l'amant de madame... le jeune Gilles Spartacus.

— Parce que ce n'était pas une mauvaise plaisanterie ? Tu me laisses la corvée d'annoncer la nouvelle au mari ?

— Sophie, enfin, est-ce que tu m'a déjà vu plaisanter avec ce genre de chose ? s'étonna Gribovitch, faussement grondeur.

— D'accord, accepta Sophie en se levant, mais ça va te coûter un plateau de saumon fumé chez *Loulou*. Je meurs de faim et je refuse d'aller au charbon le ventre vide !

Alex se dit que ce n'était pas cher payé. Il préférait encore offrir le saumon fumé, même chez ce voleur de *Loulou*, que d'aller annoncer à un député qu'on avait retrouvé sa femme à l'état de cadavre décomposé dans un trou dans la forêt de Fontainebleau…

CHAPITRE III

— Police… ouvrez !

Depuis près de cinq minutes, Gribovitch tambourinait à la porte de la petite maison décrépite habitée par Gilles Spartacus, qu'il avait déniché sans problème en lisière de la forêt de Fontainebleau grâce aux indications des gendarmes locaux. On y accédait par un sentier sablonneux qui rejoignait une petite route forestière donnant sur la Nationale 7 chère à Charles Trénet. Les murs de brique rouge de la masure commençaient à se fissurer et il n'aurait pas parié dix francs sur l'étanchéité du toit. Mais l'environnement de fougères, des bouleaux et des chênes y était des plus agréable, loin du béton grisâtre de Paris.

Après la dégustation du saumon fumé, Sophie Leclerc et lui avaient pris la route de Fontainebleau. Ils étaient passés à la brigade de gendarmerie se faire expliquer en détail les circonstances de la découverte du cadavre de Louana Versant et demander leur chemin, puis s'étaient séparés pour aller interroger chacun l'un des deux protagonistes les plus concernés dans l'immédiat par l'affaire : le mari et l'amant de la victime.

Mais chez Spartacus, personne ne répondait. Il était pourtant deux heures de l'après-midi et une vieille Renault 5 était garée devant la maison. Sans doute celle du musicien…

— J'arrive ! J'arrive !

Il entendit enfin une réaction à l'intérieur de l'habitation et se calma, un peu rassuré : il n'avait pas fait les soixante-dix kilomètres depuis Paris pour rien.

— Ce n'est pas trop tôt ! dit-il en entrant d'autorité, sa carte tricolore à la main, quand la porte s'ouvrit enfin.

— Inspecteur Alexandre Gribovitch.

— Je dormais… Je travaille la nuit, moi !

— Vous vous appelez bien Gilles Spartacus ?

L'homme se contenta de hocher la tête en signe d'acquiescement. La masure était aussi délabrée à l'intérieur qu'à l'extérieur. L'occupant avait vaguement tenté de cacher les lézardes des murs sous une collection de ponchos exotiques qu'il avait sans doute rapportés de ses îles natales. Le mobilier, probablement récupéré deci-delà, était des plus succinct : quelques chaises bancales, une table en bois blanc, encombrée de restes de repas, un évier empli de vaisselle sale, un lit défait au matelas défoncé dont les draps pendaient jusqu'au sol, quatre ou cinq cendriers publicitaires encombrés de capsules de bière. Le tout baignant dans une odeur de renfermé et d'homme mal lavé.

Gilles Spartacus n'avait rien d'un Kirk Douglas, l'illustre interprète au cinéma du rôle de l'ancien esclave : petit, maigrichon, la peau noire tavelée de plaques plus claires, la chevelure crépue coiffée de tresses à la rasta, il faisait plus pitié qu'envie.

Gribovitch comprenait le dépit du député : si ce type était bien l'amant de la belle Louana Versant, la nature humaine était décidément bien étrange ! A moins qu'il ne disposât de talents cachés particulièrement appréciés de certaines épouses délaissées…

— Vous connaissez cette femme ? lui demanda de but en blanc Gribovitch en lui mettant sous le nez la photo que lui avait donnée Raoul Versant.

— Bien sûr… c'est Louana ! Où est-elle ?

Le jeune homme avait déjà eu affaire à la police pour des petites histoires de consommation de haschisch, ainsi qu'il avait pu le vérifier sur son ordinateur avant de venir le voir, et qu'il ne niât pas connaître la victime était déjà une bonne chose.

— C'est votre maîtresse ? enchaîna Alex sans répondre à la question de son interlocuteur, mais en allumant une Gitane blonde, histoire de cacher l'odeur d'homme mal lavé qui régnait dans la maison.

— Si vous êtes là, c'est que vous le savez bien ! Vous voulez du café, inspecteur ?

Spartacus ne semblait pas du tout impressionné, comme s'il avait pressenti la venue du policier et s'y était préparé.

— Non, merci. Quand l'avez-vous vue pour la dernière fois ?

— Qu'est-ce qu'elle a fait, Louana ? Ce n'est pas

le genre à commettre des infractions graves, et quand elle attrape des contredanses avec sa caisse, son député de mari les fait sauter.

— Si vous le permettez, c'est moi qui pose les questions !

— OK, inspecteur, ne vous fâchez pas. Je l'ai vue il y a une huitaine de jours. C'était le lundi de la semaine dernière... Je rentrais d'une animation vers trois heures du matin. Je suis guitariste zoukeur professionnel...

Gilles Spartacus se préparait du café tout en répondant aux questions du policier. Il continuait de se monter décontracté, comme s'il n'avait rien à se reprocher.

— Guitariste quoi ? demanda Gribovitch.

— Zoukeur... je joue du zouk... la musique antillaise... Kassav, Compagnie Créole... Zouk Machine... Gibson brothers... vous connaissez... ? *« Zouk là c'est seul médicament nou ni... »*

— J'en ai entendu parler. Continuez.

— Elle était là, dans mon lit. On a bu un punch... on a baisé jusqu'à cinq heures, et elle est partie. Depuis, plus de nouvelles !

— Elle est rentrée chez elle à ce moment-là ?

— Je suppose. Elle avait sa bagnole. Après la baise, moi, j'ai dormi. C'est toujours comme ça qu'on fait !

— Louana était mariée. Son mari acceptait qu'elle vienne ici...

— Qu'est-ce que vous avez dit, commissaire ? l'interrompit Spartacus.

— Inspecteur... seulement inspecteur, vous le savez d'ailleurs, rectifia Gribovitch.

— Qu'est-ce que vous venez de dire ? Pourquoi « était » mariée ?

— Louana est morte. On a retrouvé son corps dans la forêt, à quelques kilomètres d'ici.

Gilles Spartacus quitta son coin cuisine en abandonnant sa cafetière et s'assit sur le lit, comme assommé.

— Morte, Louana... C'est lui ! C'est ce salaud qui l'a tuée !

— Je n'ai pas dit qu'elle avait été assassinée.

— Ne me prenez pas pour un con ! Si vous êtes là, c'est qu'elle n'est pas morte dans un accident de voiture ! Je suis sûr que c'est son salaud de mari qui l'a tuée. Député de mes fesses !

— Elle a pu se suicider...

— Se suicider, Louana ? On voit bien que vous ne la connaissiez pas. Elle aimait trop la vie. Rire... chanter... danser... Elle zoukait comme une antillaise... une vraie fille de chez nous ! Et pourtant, elle était née à Béthune...

— Pourquoi son mari l'aurait-il tuée ?

— Parce qu'elle voulait le quitter, bien sûr. Elle s'emmerdait avec lui, et il le savait. Il est bourré de fric, mais c'est un éteignoir, ce type.

Spartacus commençait à s'énerver, comme si la mort de Louana représentait pour lui une atteinte à sa propre existence. Peut-être tenait-il vraiment à elle, après tout...

— Elle voulait le quitter pour venir vivre avec

vous ? questionna Gribovitch avec un regard sceptique sur le capharnaüm qui l'entourait.

— Je vous vois venir. Vous êtes comme les autres, vous croyez que je sortais avec elle pour son pognon !

— Répondez à ma question.

— Non, elle ne voulait pas venir vivre avec moi. Je l'intéressais pour la baise, c'est tout. On s'éclatait un max au lit, même dans ce décor minable. On ne le voyait plus quand on était ensemble. Mais après, bonjour bonsoir, elle ne me connaissait plus. Je n'étais pas un type fréquentable pour elle. Pas de son milieu, petits fours et ronds de jambes. Pour ça, elle avait son mari, mais comme il la sautait une fois par mois, elle avait besoin de se défouler.

— Avec haschisch, cocaïne et le reste.

— Inspecteur, vous avez une guerre de retard. Le hasch, c'est fini. Parlez-moi plutôt d'ecstasy ! Ça, c'est de la came !

— Et naturellement, vous en avez ?

— Fouillez si vous voulez, vous n'en trouverez pas un gramme. Par contre, si j'en veux, je sais où m'adresser... Mais vous savez, je n'ai pas besoin de ça pour satisfaire les dames..., ajouta-t-il avec un petit sourire entendu. D'ailleurs, chez nous, on a le *bois bandé.*

— Le quoi ?

— Le *bois bandé,* répéta Spartacus en se levant. C'est une écorce qu'on fait macérer dans du rhum. Ça vous donne de la force en cas de besoin, comme quand on tombe sur une vraie grande cochonne et qu'il faut assurer toute la nuit... Vous en voulez ?

Il s'était saisi d'une bouteille posée sur une étagère de la cuisine et la tendait à Gribovitch avec un sourire complice. Alex y aperçut un morceau de bois qui trempait dans un liquide ambré.

— Non, merci. Pour l'instant, je n'ai pas de problème de ce côté-là. Et... l'argent ?

— Nous y voilà ! s'exclama Spartacus en s'asseyant à nouveau. Je gagne ma vie, inspecteur. Je ne lui prenais pas son fric. Elle m'avait proposé de financer la maquette du prochain disque qu'on va sortir avec mon groupe de zouk, mais j'avais refusé. Je vous l'ai dit : entre nous, c'était une histoire de fesses, rien d'autre ! C'était une belle femme qui aimait « faire la chose » et comme, de mon côté, je lui fournissais ce qu'elle voulait, ça nous suffisait.

Gribovitch hocha la tête, ne sachant que penser. Son interlocuteur semblait décontracté et son histoire était plausible. Les bourgeoises qui s'encanaillaient avec des « artistes » de ce style n'étaient pas rares. La belle Louana Versant, toute épouse de député qu'elle était, pouvait très bien en faire partie.

— Une dernière question : vous possédez une arme ?

— Un fusil de chasse, répondit Spartacus en se penchant en avant pour fouiller sous son lit. Déclaré aux gendarmes comme c'est prévu par la loi. Dans la forêt, je me tire un lapin de temps en temps, histoire d'améliorer l'ordinaire.

Il extirpa de sous le sommier un vieux fusil à pompe qu'il tendit à Gribovitch.

— Le voilà... cadeau de mon père. Il a fait la guerre d'Algérie dans l'infanterie coloniale et l'a piqué sur un fellaga qu'il avait descendu quelque part dans les Aurès, paraît-il. Un souvenir de famille en quelque sorte. Vous voulez voir le reçu des gendarmes ?

— C'est bon, dit Alex en se levant. Pas de pistolet ni de revolver ?

— Qu'est-ce que j'en ferais ? demanda Spartacus en guise de réponse, en se levant à son tour. Il me faudrait un permis de port d'arme que de toute façon, on me le refuserait.

— Donc, vous ne connaissez pas cette arme ? lui demanda-t-il en lui montrant la photo en gros plan de la main de la victime qui tenait le pistolet 7.65.

Le musicien la prit et l'examina attentivement.

— Jamais vu ! répondit-il en la lui rendant.

Gribovitch écrasa sa Gitane blonde dans le cendrier déjà rempli de capsules de bière et se dirigea vers la porte. L'homme semblait sincère, mais comment savoir ?

— Une dernière question : vous n'avez pas l'intention de quitter la région ces jours-ci ?

— Je suis rentré d'un concert en Martinique il y a une quinzaine de jours. Pour l'instant, on a des contrats dans le coin, ça me suffit. Je suis bloqué jusqu'en septembre. Mais je ne m'en plains pas. Dans ce boulot, quand on a du travail, on est content. C'est l'inverse de chez vous, les fonctionnaires...

Gribovitch préféra ignorer la provocation. Vu les chiffres du chômage, le débat entre le secteur privé et les « privilégiés » de la fonction publique n'était pas près de s'éteindre...

— Très bien. Voici ma carte, dit-il au musicien en lui tendant le petit rectangle de carton blanc. Appelez-moi s'il vous vient une idée...

— Mon idée, je vous l'ai dite : c'est son mari qui l'a tuée ! J'espère que vous allez le foutre en taule, ce salaud !

— Ma collègue est en train de l'interroger. On verra bien ce qu'il nous raconte.

— C'est lui, je vous dis ! Mais évidemment, comme il est député, vous n'allez pas oser vous y attaquer. Vous allez conclure au suicide et c'est encore une histoire qui va être enterrée !

Gribovitch ne jugea pas utile de répondre. Depuis plusieurs années déjà, les hommes politiques n'étaient plus à l'abri des enquêtes policières. Certains juges d'instruction prenaient même un malin plaisir à en mettre quelques-uns derrière les barreaux. Gilles Spartacus aurait dû le savoir, mais peut-être ne lisait-il pas les journaux...

*

* *

Sophie Leclerc bougea légèrement sur son fauteuil, gênée. Elle avait annoncé au député Raoul Versant la mort de son épouse avec toutes les précautions oratoires possibles et se sentait mal à l'aise de voir ce grand gaillard pleurer à chaudes larmes comme un enfant.

— Excusez-moi, finit-il par lui dire en s'essuyant les yeux. On a beau s'y attendre, c'est quand même un choc !

— Je comprends. Préférez-vous que je revienne pour vous poser les quelques questions qu'exige la routine ?

— Non… ça ira. Il faut que j'aille à Paris ce soir pour la session de nuit de l'Assemblée. Finissons-en tout de suite.

Il l'avait reçue dans sa superbe maison en pierre de taille de Milly-la-Forêt, entourée d'un jardin paysager complanté de chênes quasi centenaires. Une femme de chambre à la peau claire, mais visiblement métissée, l'avait fait entrer dans un salon aux plafonds travaillés, décoré de meubles anciens. Il était convenu qu'elle retrouverait Gribovitch à Paris, directement rue de Lutèce, dès que l'un et l'autre auraient fini leurs entrevues.

— A votre connaissance, votre femme avait-elle des tendances suicidaires, quand elle était jeune, ou encore ces derniers jours ? demanda-t-elle au député.

— C'est vrai qu'elle était très abattue depuis quelque temps, lui répondit-il entre s'efforçant de retenir ses larmes. Sa liaison avec ce… cet individu lui pesait, mais il ne voulait pas la lâcher. Il l'avait menacée de révéler leur liaison à la presse si elle n'acceptait pas de financer son prochain disque. Elle savait que s'il le faisait, c'était la fin de ma carrière et elle ne le voulait pas. Elle me trompait, certes, mais elle m'aimait quand même. Peut-être ne me suis-je pas assez occupé d'elle…

— Vous pensez que cette menace aurait pu la pousser au suicide ?

— C'était un être fragile. Elle ne voyait plus comment s'en sortir et se sentait honteuse vis-à-vis de moi.

— Elle vous l'avait dit ?

— Pas clairement, mais ça se voyait.

Sophie se demanda en quoi ce genre de sentiment pouvait transparaître, mais jugea le moment mal venu de poser la question. Il est des réactions, dans un couple, qui restent inaccessibles aux observateurs extérieurs.

— Et l'arme avec laquelle elle se serait tuée, vous la connaissez ? lui demanda-t-elle.

Elle lui avait montré, elle aussi, la photo en gros plan de la main de la victime avec le pistolet, telle que les gendarmes l'avaient trouvée.

— Je ne l'ai jamais vue, répondit Versant avec fermeté.

— Vous avez une arme personnelle ?

— Nous vivons dans une maison isolée. J'ai un revolver, inspecteur. Un 9mm Herstal, cadeau de mon père. Mais il est officiel et j'ai un permis de port d'arme. Vous voulez le voir ?

— Non, monsieur le député. Je vous crois sur parole. Vous ne voyez donc pas où elle aurait pu prendre ce pistolet 7.65 ?

— Pas du tout !

— Très bien, dit Sophie en se levant. Je vais vous laisser vous reposer. Je reviendrai certainement prendre votre déposition officielle dans quelques jours. Je suppose que vous souhaitez déposer une plainte.

— Naturellement. Je vais voir mon avocat, répondit Versant en se levant à son tour. Au fait, on n'a pas retrouvé sa voiture ? ajouta-t-il.

— Aucune nouvelle. Elle a sans doute été volée si elle est restée au bord de la route ou dans la forêt plusieurs nuits de suite.

Sophie se dirigea vers la porte. Sa pénible mission était terminée et elle avait recueilli assez d'éléments pour comprendre les raisons du suicide de Louana Versant. Elle allait sortir quand le député fronça soudain les sourcils, semblant se remémorer quelque chose qui lui avait échappé.

— Inspecteur… je pourrais revoir la photo que vous m'avez montrée de la main et du pistolet ?

Sophie fouilla dans son dossier et en sortit la photo en question. Elle ne tenait pas à lui montrer les autres, prises par les techniciens en identification criminelle de la gendarmerie, des gros plans du cadavre rongé par les insectes et les vers, beaucoup trop horribles.

— La voici…

Raoul Versant s'en empara et l'observa plus attentivement que la première fois.

— Vous êtes sûre qu'elle n'a pas été inversée ?

— Le labo n'a pas l'habitude de tirer les photos à l'envers, répondit Sophie, un peu surprise.

— Donc, si je regarde bien, c'est sa main droite qui tient l'arme et le trou est dans sa tempe droite ? dit-il enfin.

— C'est exact, admit Sophie en regardant, les yeux plissés, la photo à son tour.

— Mais Louana était gauchère. Jamais elle ne se serait tuée de cette main-là !

— Elle n'était pas ambidextre ?

— Pas du tout ! Elle était au contraire très empruntée de la main droite. Elle ne se servait vraiment que de sa main gauche.

Sophie hocha la tête, soucieuse. Le député avait d'abord décrit sa femme comme d'humeur suicidaire, et voilà maintenant qu'il découvrait qu'elle n'aurait pas pu se donner la mort de cette façon. Où était la vérité ?

— Merci, monsieur le député. Ce que vous venez de me dire là est très important. Vous pensez donc qu'elle ne s'est pas suicidée ?

— Il est vrai qu'elle avait des instincts suicidaires, mais elle ne l'aurait certainement pas fait de la main droite. répondit-il en lui rendant la photo. Vous devriez chercher du côté de ce Spartacus…

— C'est une accusation ?

— Seulement une suggestion. Ce genre d'individu drogué et sans cervelle est capable du pire…

Quelques minutes plus tard, Sophie remontait dans sa voiture avec le sentiment de n'avoir pas perdu son temps. Elle savait que Raoul Versant n'avait pas tort. Restait à savoir ce que l'amant de la belle Louana avait raconté à Gribovitch…

Neuf jours plus tard, dix-huit heures trente.

L'homme tentait de réfléchir calmement. Avait-il été bon ? N'avait-il pas trop parlé ? Avait-il réagi comme il le fallait ?

Depuis longtemps, il avait préparé dans sa tête cette visite de la police, mis au point ses réponses, répété devant sa glace ses pseudo-réactions spontanées. Mais quand l'instant était venu d'y faire face « pour de vrai », il s'était senti les jambes en coton : et sans cet élément surprise, les choses auraient certainement été plus faciles !

Malgré tout, cela semblait s'être bien passé. Si la police concluait au suicide, l'enquête s'arrêterait sans doute là. Or, c'est ce qu'il ne voulait surtout pas.

Il avait fait tout ce qu'il fallait pour faire accuser « l'autre ». Il convenait de ne pas s'arrêter en si bon chemin !

CHAPITRE IV

— Résumons-nous, dit le commissaire Griffon, à qui ses deux inspecteurs venaient de faire leur rapport. Raoul Versant prétend que sa femme était dépressive parce que son amant la faisait chanter pour obtenir qu'elle finance son disque. Lequel amant prétend au contraire que c'est Louana Versant qui le lui avait proposé et qu'il avait refusé. Lequel des deux nous ment ?

Il était presque dix-neuf heures. Les deux inspecteurs étaient rentrés de Fontainebleau et s'étaient réunis dans le bureau du commissaire, au siège des Affaires Spéciales, rue de Lutèce, pour faire le point sur leurs investigations.

— Difficile à dire, fit observer Gribovitch. Ce Gilles Spartacus avait l'air très sincère.

— Raoul Versant aussi avait l'air sincère, riposta Sophie. En plus, il a remarqué que sa femme tenait son pistolet dans la main droite alors qu'elle est gauchère. Or, son amant n'a rien dit à ce sujet.

— Il ne l'a pas remarqué, répondit Gribovitch, mais ça me semble normal, il la connaissait moins bien que son mari. S'il ne la voyait que pour baiser, il ne savait peut-être même pas qu'elle était gauchère !

— Objection retenue, dit Griffon à la manière des « Votre Honneur » des séries télévisées américaines. En tout cas, aucun des deux ne croit au suicide et chacun accuse l'autre.

— Raoul Versant pleurait à chaudes larmes, patron, objecta Sophie.

— Et alors ? riposta à nouveau Gribovitch. C'est un politicien, et tu connais ces gens-là. Ils sont capables de s'envoyer les pires insanités à la figure devant les caméras de télévision et d'aller dîner ensemble, bras dessus, bras dessous, à la sortie de séance.

— Et ton Gilles Spartacus ? répondit Sophie avec agressivité. On les connaît, tous ces petits musicos ringards : ils vendraient père et mère pour financer leur premier disque.

Gribovitch ouvrit des yeux ronds de surprise.

— « Mon » Spartacus ? s'étonna-t-il. Qu'est-ce que j'ai dit qui puisse te faire croire que j'épouse sa cause à ce point-là ?

Sophie allait répondre, mais Griffon ne lui en laissa pas le temps.

— Allons, vous n'êtes pas sur un ring de boxe avec chacun votre poulain. Il faut faire la part des choses et confronter nos deux suspects. De leur choc naîtra peut-être la lumière…

— Vous voulez mettre face à face le mari et l'amant alors que l'on n'est même pas sûrs que c'est un meurtre, patron ? s'inquiéta Sophie.

— Tu vois un autre moyen de vous départager ?

Pour le plus grand soulagement de Griffon, le téléphone interrompit la discussion qui commençait à devenir orageuse.

— Allô, dit-il en décrochant. Mes respects, monsieur le procureur.

Les deux inspecteurs n'entendaient pas la conversation, mais en voyant le visage du commissaire se crisper, ils devinèrent que quelque chose n'allait pas.

— La presse locale a parlé de la découverte du cadavre, dit Griffon après un silence. Les journalistes sont toujours à l'affût de ce genre d'événement et il est difficile de le leur cacher. Mais aucun rapprochement n'a été fait pour l'instant entre cette découverte et l'épouse de monsieur Versant.

Nouvelle intervention du procureur, qui se perdait apparemment dans de longues explications.

— Bien, monsieur le procureur.

Griffon raccrocha lentement le téléphone et releva la tête.

— Le parquet a conclu au suicide. C'est la version officielle que nous devons donner à la presse. Le dossier est classé sans suite. On arrête l'enquête !

Abasourdis, Sophie et Alex restèrent quelques instants silencieux.

— C'est une magouille, finit par dire Alex. Ça sent l'intervention politique au niveau du parquet. Raoul Versant appartient à la majorité et ils ne veulent pas que l'affaire débouche sur un scandale de plus. Un député qui a une maîtresse, c'est dans l'ordre normal des choses, mais un député cocu dont la femme disparaît dans des conditions douteuses, ça fait désordre !

— D'autant qu'il n'y est pour rien ! renchérit Sophie.

— En dehors des échangistes, les cocus le font rarement exprès, ironisa Gribovitch.

— Je ne parle pas de ça ! cracha Sophie. Je parle de la mort de sa femme.

— C'est toi qui dis qu'il ne l'a pas tuée. Rien ne le prouve pour l'instant.

— Rien ne prouve non plus qu'il l'ait fait !

— Dis donc, toi, j'ai l'impression que le charme de monsieur à fait son effet, ironisa Gribovitch avec un sourire plein de sous-entendus.

— Vous n'allez pas recommencer ! intervint Griffon, surpris de voir ses deux inspecteurs prendre parti chacun pour leur camp. On arrête cette affaire et on passe à autre chose, je vous dis. Le trafic de faux dollars dont s'occupe Anne n'est toujours pas résolu et…

Une nouvelle fois, le téléphone l'interrompit.

— C'est Dallant, entendit-il en décrochant. Bonjour, commissaire. Gribovitch est là ?

— Je vous le passe.

Il tendit le combiné à Alex qui, par politesse, brancha le haut-parleur.

— Dis donc, attaqua Dallant, on a commencé l'autopsie de ta morte de la forêt de Fontainebleau, et j'ai une bonne nouvelle pour toi.

— Je m'attends au pire…, dit Gribovitch, qui se

méfiait comme d'une peste de ce que Dallant appelait « une bonne nouvelle »

— Elle ne s'est pas suicidée ! annonça celui-ci sur un ton qui indiquait combien il était content de sa bonne blague.

Gribovitch s'immobilisa, sourcils froncés. Le ton de Dallant était rigolard, mais ce n'était pas celui d'une interrogation, c'était bien celui d'une affirmation péremptoire. Alex savait qu'il ne l'aurait pas énoncée s'il n'avait pas disposé de solides éléments de diagnostic. Restait à savoir lesquels.

— Qu'est-ce qui te fait dire ça ? interrogea-t-il, tous les sens en éveil.

— Son trou dans la tête, c'est bidon ! La balle a bien été tirée par le pistolet qu'elle avait dans la main, mais elle était morte avant. Bien avant.

Soudain intéressés, Sophie et Griffon se penchèrent d'un même mouvement vers le téléphone pour être sûrs de tout entendre.

— Tu nous expliques ?

— Sans entrer dans les détails techniques, continua Dallant, disons que quand quelqu'un se tire une balle dans la tête, le projectile provoque une hémorragie tout autour de la trajectoire dans le cerveau puisque les vaisseaux sanguins sont coupés alors que le cœur bat encore, donc qu'il y a de la pression dedans. Par contre, si le type est déjà mort quand le projectile arrive, les vaisseaux coulent à peine puisqu'il n'y a plus de pression sanguine dedans. Et dans le cas de ta bonne femme, c'est ce qui s'est passé. Il n'y a presque pas de sang autour de la blessure, ni sur la trajectoire de la balle. Donc, elle était déjà morte quand on la lui a tiré dans la tête. *Capito ?*

— *Si ! Capito...* Donc d'après toi, elle a été assassinée avant qu'on ne lui tire cette balle dans le crâne ?

— Je n'ai pas dit qu'elle avait été assassinée ! tonna Dallant. J'ai dit qu'elle était morte ! Combien de fois il faudra te répéter que moi, je constate des faits, et que c'est toi qui les interprètes ?

— D'accord... d'accord... ne te fâche pas, plaida Gribovitch. Et de quoi était-elle morte ?

— Elle avait une fracture au niveau de l'occipital. Elle a dû prendre un grand coup de bâton derrière la tête. C'est ça qui l'a tuée. Mais on ne lui a tiré le coup de revolver dans le crâne qu'après.

— Merci, Roger. C'est vraiment une indication intéressante, prononça Alex sur un ton lugubre.

— A ton service, commenta sobrement Dallant en raccrochant.

Gribovitch reposa le combiné en regardant Griffon et Sophie.

— Alors, patron ? demanda-t-il.

— J'ai entendu. Voilà qui change tout.

Le commissaire Griffon s'empara du téléphone et se mit à composer fébrilement un numéro.

— J'appelle le parquet. Avec ce que vient de nous dire Dallant, il va avoir du mal à étouffer l'affaire, monsieur le procureur !

*

* *

Sonia donna un nouveau coup de chaîne cloutée entre les cuisses de Sacha, en prenant bien soin de ne pas toucher son sexe. Il sursauta sur la planche de bois rugueuse à laquelle il était attaché et poussa un hurlement de douleur. Ses jambes étaient déjà lacérées de stries rougeâtres et elle se demandait comment il arrivait à cacher ces blessures à sa femme. Sans doute faisaient-il chambre à part.

— Tu en veux encore, mon salaud ? Tu en veux encore ?

— Oui, maîtresse, oui... Punis-moi !

Elle se tenait debout près de lui, vêtue d'une nuisette de tulle transparente et d'une petite culotte rouge et noire qui ne laissait rien ignorer de son anatomie. Elle le frappa de nouveau, visant l'intérieur des cuisses. Sacha sursauta sous l'impact du coup de chaîne et elle voyait qu'il commençait à réagir au traitement, son sexe prenant peu à peu du volume.

— Tiens ! Demande-moi pardon ! Demande-moi pardon ! lui hurla-t-elle dans les oreilles en le frappant.

Cette fois, ils étaient dans la chambre de son appartement, mais à cette heure-là, les voisins étaient tous devant leur télé à regarder la fin du film. En plus, l'immeuble était très bien insonorisé. Vu son prix au mètre carré, c'était bien la moindre des choses.

— Pardon, maîtresse... pardon ! haleta Sacha.

— Lèche-moi le cul alors ! lui ordonna-t-elle.

Elle enjamba la planche au-dessus de la tête de Sacha et s'accroupit face à ses pieds pour amener ses fesses à califourchon contre le visage de l'homme en écartant largement les jambes,

— Oui, maîtresse... oui !

Elle sentit les lèvres de son amant lui embrasser les fesses, puis sa langue s'introduire entre les deux globes en écartant la culotte, atteignant son petit cercle rose. Elle savait qu'il trouvait cette caresse humiliante et en ressentait un plaisir certain.

Effectivement, elle s'aperçut que la virilité de Sacha prenait de plus en plus de vigueur et lâcha sa chaîne cloutée.

— Ça te fait bander, mon salaud, de me lécher le cul ! lui cracha-t-elle à la figure.

— Oui, maîtresse, ça me fait bander ! réussit-il à lui répondre entre deux coups de langue sur son anus.

— Et tu veux que je te suce, je parie !

— Oh oui, maîtresse, suce-moi !

— Alors tu vas me lécher la chatte et je vais te sucer !

Elle se pencha en direction du sexe de Sacha, amenant son propre sexe largement ouvert sur la bouche de l'homme, qui se mit à lui sucer goulûment le clitoris. Puis, elle enfouit délicatement le membre gonflé dans sa propre bouche.

Sacha eut un sursaut de plaisir sous la caresse et elle crut un instant qu'il allait éjaculer immédiatement. Elle s'empressa donc de le relâcher et de se redresser, pas mécontente du résultat qu'elle avait obtenu.

— Tu allais jouir, mon salaud ! Allez, regarde ma

chatte et lèche-moi encore le cul ! lui dit-elle en écartant les cuisses.

— Oui, maîtresse !

Sonia se rendait compte que finalement, elle prenait autant de plaisir à le rudoyer que lui en prenait à se faire humilier, et elle se dit qu'elle devenait, elle aussi, une vraie perverse.

Elle se laissa faire encore quelques instants, puis commença à ramper au-dessus de l'homme en avançant le bassin. Sacha redressait la tête et le torse pour tenter de la lécher autant que le lui permettaient ses liens, mais elle continuait d'avancer. Elle se rendait compte maintenant qu'il bandait vraiment et voulait lui en donner pour son argent tout en prenant son propre plaisir.

— Attends, mon salaud. Tu as été bien sage, je vais te récompenser !

Elle fit glisser son bassin le long du torse, puis du ventre de Sacha et l'amena jusqu'à sentir le sexe de l'homme contre son pubis. Elle s'en empara de la main et le caressa légèrement. Cette fois, il était vraiment dur.

— Tu vois comme tu bandes bien, mon salaud ! lui dit-elle avec une pointe d'admiration. Je vais mettre ta grosse bite dans ma chatte !

Tout à son excitation, Sacha ne répondait même plus, se contentant de lui malaxer les fesses.

S'appuyant sur les jambes de l'homme, Sonia se redressa légèrement, amena son bassin à la verticale du sexe rigide, puis se laissa descendre lentement. Elle s'empala dessus jusqu'à ce que ses fesses, largement écartées, viennent buter contre le bas-ventre de son amant.

Elle savoura quelques instants cette pénétration, puis prit appui sur ses mains et remonta légèrement le bassin, faisant presque entièrement ressortir le membre de Sacha. Avec un soupir de satisfaction, elle se laissa ensuite retomber brutalement sur le pieu qui l'écartelait et commença un lent mouvement de va-et-vient.

Elle sentit les mains de l'homme abandonner ses fesses, puis un doigt se posa contre son anus, largement écarté lui aussi et mis en valeur par la petite culotte. Sacha aimait la pénétrer par là, elle le savait, et comme elle lui tournait le dos, le spectacle qu'il avait devant les yeux devait le réjouir.

Il introduisit d'abord l'index, puis deux doigts dans le petit orifice. Au bout de quelques minutes, il enleva les doigts, lui souleva les fesses, puis l'attira légèrement en arrière. Elle savait ce qu'il voulait. Elle recula donc le bassin, se pencha en arrière et s'empala sur le membre dur par l'orifice que les doigts venaient d'abandonner en poussant un petit cri de douleur vite calmée par le plaisir.

Elle reprit son va-et-vient, plus lent cette fois, mais n'eut guère le temps de profiter de la situation. À la troisième descente, alors qu'elle était abutée contre le ventre de Sacha, elle entendit le rugissement de l'homme en même temps qu'elle sentait une giclée de liquide chaud lui envahir les reins.

Cette simple sensation déclencha son propre

orgasme et elle se cambra brutalement avec un soupir de bonheur.

Dès qu'elle eut repris son souffle, elle détacha son amant et passa dans la salle de bains.

— Tu as lu le journal d'hier ? lui demanda-t-elle d'une voix neutre tandis qu'elle procédait à sa toilette.

La séance érotique était terminée, et il fallait revenir à la réalité.

— Comme toi, je suppose, lui répondit-il, navré de devoir reprendre contact avec les problèmes quotidiens après cette si agréable séance.

— Le cadavre de la forêt de Fontainebleau, c'est le nôtre ! On devrait peut-être dire à la police ce qu'on a vu ?

Cette fois, Sacha se réveilla complètement.

— A la police ? Tu n'es pas un peu folle ? Tu veux ma mort ? protesta-t-il. Si ma femme remonte jusqu'à nous, elle me tue !

— Un coup de fil anonyme, ça ne coûte rien. En plus, je connais bien le commissaire Ledru, c'était un ami de mon père.

— Surtout pas ! Ledru ou pas, même avec un coup de fil anonyme, les flics seraient capables de te retrouver !

— Comme tu voudras, lui répondit-elle en sortant de la salle de bains.

Elle savait que de son point de vue à lui, il avait raison, mais elle trouvait qu'il exagérait le danger. Tous les téléphones de France n'étaient quand même pas sur écoute !

Mais à quoi bon discuter ? Elle n'était pas obligée de lui dire tout ce qu'elle faisait. Après tout, il n'était que l'un de ses amants. Le plus riche, certes, celui qui l'entretenait le plus régulièrement, mais ça ne lui donnait pas tous les droits. Et surtout pas celui de lui dicter sa conduite de bonne citoyenne.

Une demi-heure plus tard, rhabillée et pomponnée, elle le quittait, bien décidée à n'en faire qu'à sa tête.

CHAPITRE V

Le commissaire Ledru était dans ses petits souliers : deux inspecteurs des Affaires Spéciales s'étaient déplacés de Paris et avaient investi son commissariat de Fontainebleau. Il avait beau, dans la hiérarchie de « la Grande Maison », être leur supérieur, c'était un événement pour lui, à quelques mois de la retraite. Bien sûr, le cadavre dont ils s'occupaient avait été retrouvé par la gendarmerie, mais c'est à la police que l'enquête avait été confiée. Il allait donc être en première ligne.

Cette affaire s'était d'ailleurs accélérée. Il est vrai que la victime n'était pas n'importe qui : l'épouse du député Versant en personne. Le parquet avait d'abord voulu y voir un suicide, mais les conclusions du laboratoire avaient exclu cette thèse, si bien qu'une information avait finalement été ouverte.

Et le député avait été convoqué au commissariat. Un redoutable honneur !

— Pauvre député ! Un si brave homme, et tellement brillant ! ne put s'empêcher de penser le commissaire.

Ledru était au courant des déboires conjugaux de

son élu. Il rencontrait souvent le couple dans les cérémonies officielles, mais avait toujours su en garder le secret. Quand Versant lui avait demandé, quelques jours auparavant, de vérifier si Louana n'était pas chez son amant, ce petit musicien minable, il en avait eu le cœur serré. Mais elle n'était pas chez le rasta et il s'en était presque réjoui.

Et voilà qu'on avait retrouvé cette femme morte dans la forêt !

— Vous avez un magnétophone ? lui demanda Sophie

— Un magnétophone ? Non. On ne s'en sert jamais. Mais le SRPJ en a peut-être un. Si vous voulez, je peux...

— Ce n'est pas grave, on s'en passera, le coupa Sophie, qui ne tenait pas à se retrouver avec les « gros bras » du SRPJ dans les jambes.

Cette jeune inspectrice impressionnait très favorablement le commissaire Ledru. Non seulement elle se comportait comme une vraie professionnelle, mais en plus elle était très jolie avec sa frange brune et ses grands yeux clairs. Que faisait-elle dans la police avec un physique pareil ? Trop petite pour être mannequin, mais quand même. Elle n'aurait sans doute pas de mal à trouver un riche mari si elle le voulait.

— Et un traitement de texte, vous en avez un ? lui demanda Gribovitch.

— Un ordinateur, vous voulez dire ? Pas encore. On doit les recevoir dans un mois ou deux. Mais nos machines à écrire marchent très bien, elles ont même été révisées l'année dernière !

Le commissariat était encore équipé de ces vieilles Remington à marguerite sur lesquelles il fallait frapper comme une brute pour obtenir des liasses de procès-verbaux en sept exemplaires. La préhistoire par rapport au couple ordinateur-imprimante dont était doté le bureau des Affaires Spéciales...

— C'est très bien. On fera avec, soupira Gribovitch, qui regrettait de ne pas avoir apporté son traitement de texte portable.

Aux yeux de Ledru, cet inspecteur-là, avec son crâne un peu dégarni, son long nez fouineur et ses lunettes d'intellectuel, représentait mieux l'archétype du policier.

L'arrivée du député Versant ne passa pas inaperçue. Il venait de temps en temps rendre visite aux policiers, mais c'est la première fois qu'il avait été convoqué au commissariat « pour affaire le concernant ». Il avait fallu toute l'insistance du commissaire Griffon, patron des Affaires Spéciales, qui avait téléphoné de Paris, pour que cette procédure soit employée. A Fontainebleau, pas plus qu'ailleurs en France, on ne « convoquait » pas un parlementaire.

— Merci de vous être déplacé, monsieur le député, lui dit Sophie en l'accueillant avec un grand sourire. Nous voudrions simplement boucler l'enquête sur la mort de votre épouse. Si vous voulez bien me suivre...

Elle le conduisit jusqu'au bureau que Ledru lui

avait attribué, où Gribovitch l'attendait devant la machine à écrire antédiluvienne.

Le commissaire les laissa en tête-à-tête. Il préférait ne pas se mêler de trop près d'une affaire aussi délicate. Il rentra dans son propre bureau et allait se plonger dans l'amas de papiers qui l'attendaient quand la voix du planton de permanence l'interpella.

— Commissaire, une demoiselle vous demande.

Le commissaire Ledru releva la tête du tas de dossiers et aperçut Sonia qui attendait dans le couloir. Sonia Michaud, la fille de son ami François Michaud, mort deux ans auparavant d'un cancer de la gorge pour cause de trois paquets de cigarettes pas jour...

Il se leva, lui fit signe d'entrer et s'approcha d'elle avec un grand sourire.

— Sonia ! lui dit-il en la prenant par les épaules et en l'attirant dans le bureau. Qu'est-ce qui me vaut le plaisir de ta visite ?

La jeune femme le suivit et referma la porte derrière elle. Elle était très en beauté et son parfum de grande marque envahit la petite pièce. Le commissaire pensa qu'elle avait fait bien du chemin, depuis la mort de son père

— Excusez-moi de vous déranger, commissaire...

— Tu ne me déranges jamais, tu le sais bien. On ne te voit pas souvent par ici depuis que ton père nous a quittés. Que puis-je faire pour toi ?

Il la connaissait de longue date et savait que la jeune femme, sans vraiment se prostituer, vivait plus ou moins de l'argent des hommes qu'elle fréquentait, mais il avait toujours estimé que ce n'était pas son problème. Après tout, elle avait encore sa mère et c'était à elle de s'en occuper. Au contraire, comme elle avait l'oreille à l'affût de tout, elle lui donnait parfois des renseignements fort utiles sur les uns et les autres.

— C'est au sujet de la femme qu'on a trouvée dans la forêt, commissaire, lui dit-elle en dépliant un journal du matin même qu'elle tenait roulé sous le bras.

Trois jours avant, *Le Parisien*, édition locale, avait parlé de la découverte du cadavre, mais depuis la veille, on avait identifié le corps et une information avait été ouverte sur la mort de Louana Versant. L'affaire était donc passée dans les pages nationales et les journalistes racontaient en détail les questions que se posaient les enquêteurs.

— A se demander si certains n'auraient pas préféré être flics plutôt que journalistes, avait pensé Ledru, qui avait déjà lu l'article.

— J'ai vu un type la déposer dans le trou dans la forêt, continua Sonia.

Le commissaire Ledru la fixa quelques instants en silence, surpris. Il se rendait compte qu'il s'agissait là d'un élément important. Mais la jeune femme ne se trompait-elle pas ?

— Qu'est-ce que tu as vu ? lui demanda-t-il.

— Cette nuit-là... c'était la semaine dernière, dans la nuit du dimanche au lundi. J'étais dans la forêt vers quatre heures du matin et...

— Qu'est-ce que tu fichais dans la forêt à des

heures pareilles ? tonna le commissaire. Tu te rends compte de ce que tu risquais ?

Il se doutait de ce qu'elle allait lui répondre, mais il lui semblait bien venu de jouer un peu les pères protecteurs.

— Je n'étais pas seule, commissaire.

— Avec qui étais-tu ?

— Commissaire, si vous continuez comme ça, je m'en vais. Je ne suis pas là pour vous raconter ma vie privée.

— D'accord... d'accord..., concéda Ledru. Excuse-moi et continue...

Il regretta brusquement de lui avoir posé ces questions. Il avait toujours considéré Sonia un peu comme une nièce, au nom de l'amitié qui l'avait lié à son père, et même s'il connaissait la façon dont elle gagnait sa vie, il préférait ne pas en connaître les détails. La politique de l'autruche avait toujours eu sa préférence.

— J'étais avec un ami. On était cachés derrière un bosquet et on a vu un homme s'approcher de nous. Il portait un paquet sur les épaules et il l'a jeté dans un buisson de fougères. Ensuite, il a farfouillé dedans et il est parti. On a attendu que sa voiture démarre et on s'est approchés. On a vu la femme. Elle avait un trou dans la tête et un pistolet dans la main. On a eu peur et on s'est sauvés !

— Et c'est seulement maintenant que tu viens me raconter ça ! explosa le commissaire.

— Mon ami ne voulait pas. Il avait peur qu'on l'interroge et que son nom paraisse dans les journaux.

— Qui est-ce ?
— Je ne… je ne peux pas vous le dire.
— C'est un homme marié ?
Sonia baissa la tête en signe d'acquiescement. Inutile d'insister, elle n'en dirait pas plus.
— Le type… tu le reconnaîtrais ?
La jeune femme hésita.
— Je ne crois pas. Il faisait nuit et on était loin.
— Tu connais le député Versant ? lui demanda-t-il.
— Oui, je le connais. En tout cas, ce n'était pas lui. L'homme était plus petit… plus maigre, il m'a semblé.
Le commissaire hocha la tête. Le renseignement était important. Même si la jeune femme ne pouvait pas reconnaître l'homme, elle en avait fait une vague description. Petit… maigre… En plus, elle donnait une indication précise sur la date à laquelle tout cela s'était passé. Il fallait le communiquer d'urgence aux inspecteurs chargés de l'enquête. Ils pourraient ainsi au moins demander des alibis aux suspects.
— C'est bon, Sonia. Tu as bien fait de venir me voir, dit-il en se levant. Je te téléphonerai si on a besoin de ton témoignage écrit.
— Non, commissaire, protesta-t-elle en se levant à son tour, je ne témoignerai pas par écrit. Je vous donne le tuyau parce que c'est vous et parce que vous étiez un ami de mon père, mais je ne veux pas être mouillée dans cette histoire. Ma mère me demanderait ce que je faisais là en pleine nuit et elle mourrait si elle le savait !

Le commissaire Ledru fut un peu surpris. Sonia se moquait des réactions de sa mère comme de sa première culotte. Mais d'un autre côté, il comprenait la réaction de la jeune fille. Elle avait peur que son nom ne soit cité dans la presse. Si l'enquête prenait de l'importance, son domicile allait être surveillé pendant des jours et des jours par des batteries de caméras, comme dans l'affaire Vuillemin.

— Comme tu voudras, Sonia. Je ne peux pas t'obliger. Mais toi, tu n'en parles à personne d'autre non plus.

— Promis, commissaire.

Il la raccompagna jusqu'à la sortie. Elle l'embrassa sur les deux joues et sortit, rassurée et heureuse. Elle avait rempli son devoir de bonne citoyenne, comme le lui avait appris son père.

Le commissaire Ledru revint vers son bureau. Il avait envisagé un moment d'aller frapper à la porte de la pièce dans laquelle les deux inspecteurs des Affaires Spéciales étaient enfermés avec Raoul Versant, mais il venait brusquement d'avoir une idée.

Il referma la porte et s'assit à son bureau pour réfléchir. Cette idée le séduisait de plus en plus. Il était à quelques mois de la retraite et se dit qu'il lui serait agréable de terminer sur un coup d'éclat, lui qui avait toujours mené une petite vie de fonctionnaire sans relief dans des commissariats de quartiers ou de petites villes de province.

Grâce à cette information, il allait pouvoir damer le pion à tous ces prétendus cracks du SRPJ ou de la police parisienne !

*
* *

Gribovitch sortit du bureau et put enfin allumer sa Gitane blonde. Pendant l'audition du député Versant, celui-ci lui avait demandé de ne pas fumer et il avait accédé à son désir. Après tout, les non fumeurs avaient droit à certains égards. Au besoin, ils avaient la loi de leur côté…

La conversation n'avait rien apporté de nouveau. Le député s'en était tenu à sa première version : sa femme avait disparu et il ne savait pas où elle était passée. Ce sont les policiers qui lui avaient appris qu'elle était morte. D'abord on avait supposé un suicide, maintenant on envisageait l'hypothèse d'un meurtre.

— Le labo est formel : elle a été tuée d'un coup sur le crâne et la balle qu'elle avait dans la tête n'a été tirée qu'après sa mort, lui avait dit Gribovitch.

— De quoi est-elle morte alors ? avait-il demandé.

— Je répète : de ce coup sur la tête Il nous reste quelques vérifications, mais cela ne changera pas les conclusions.

— C'est ce Spartacus, je vous dis ! s'était-il entêté.

La séance en était restée là, Sophie n'ayant pas jugé utile d'insister, convaincue qu'elle était que Versant n'avait rien fait de mal. Gribovitch quant à lui, plus sceptique, ne disposait d'aucun élément de preuve permettant de charger le député plus qu'il ne l'avait fait.

Il avait donc téléphoné au juge d'instruction, qui lui avait prescrit de relâcher le mari en lui demandant de ne pas quitter la région.

— C'est vous qui m'avez convoqué ?

Alex se retourna pour faire face à la voix qui l'avait ainsi interpellé au milieu du commissariat : c'était Spartacus, presque propre avec son jean troué, sa chemisette bariolée et sa veste défraîchie.

— Oui, c'est nous, lui répondit-il en lui montrant Sophie, sortie elle aussi du bureau où ils avaient entendu Versant. Entrez là, on va causer !

— Causer de quoi ? demanda Spartacus en pénétrant dans la pièce que l'inspecteur lui désignait. Je vous ai déjà tout dit. C'est son mari qui l'a tuée, j'en suis sûr.

— On n'est sûr de quelque chose que quand on en a des preuves, lui dit Gribovitch. Vous avez des preuves de ce que vous avancez ?

— Bien sûr que non !

— Alors, il vaut mieux ne rien dire. Il pourrait bien vous poursuivre en diffamation et ça n'arrangerait pas votre cas.

Une demi-heure plus tard, les deux inspecteurs n'étaient pas plus avancés. Spartacus, tout comme le député Versant, avait maintenu sa version de sa dernière rencontre avec la victime : baise, puis séparation.

— C'est bon, vous allez pouvoir rentrer chez vous, lui dit Gribovitch. Mais ne vous éloignez pas trop, on aura encore besoin de votre témoignage.

— Vous me l'avez déjà dit, inspecteur ! répondit

Spartacus en se dirigeant vers sa vieille Renault 5 de son pas décontracté.

— C'est curieux, dit Sophie en le regardant s'éloigner. Quelque chose me dit qu'il est pour quelque chose dans la mort de sa maîtresse, et pourtant, il se conduit comme s'il était totalement innocent.

— Je pense exactement la même chose pour Versant ! répondit Gribovitch. Quelque chose me dit qu'il a participé à la mort de sa femme, et pourtant, il se comporte comme un mari éploré...

Ils retournèrent dans le petit bureau, rangèrent les procès-verbaux qu'ils avaient établis et reprirent la route de Paris avec un petit sentiment de déception. La journée avait été longue et n'avait rien apporté de décisif.

*

* *

Le commissaire Ledru jubilait !

Il était dix-huit heures, les deux collègues de Paris venaient enfin de quitter le commissariat pour rentrer dans la capitale et il allait pouvoir passer à l'action.

— Trimard, dit-il à son adjoint, prends les deux types de permanence, montez dans le fourgon et moteur en route : on va procéder à une arrestation.

— Une arrestation ? s'étonna le dénommé Trimard. Arrêter qui, patron ?

— Spartacus !

— Le musicien ? Il vient de sortir d'ici !

— Je sais, mais je ne pouvais pas faire ça pendant que les deux Parisiens étaient là. Je sais des choses qu'ils ne savent pas, et c'est à eux qu'on aurait attribué la réussite de l'affaire. Tandis que là, c'est *notre* commissariat qui va être à l'honneur !

Il prit son pistolet pendant que les autres policiers se préparaient et les quatre hommes se précipitèrent dans les voitures. Ils savaient bien que si arrestation il y avait, c'est le commissaire qui en tirerait gloire, mais à quelques mois de la retraite, il avait bien mérité ce petit baroud d'honneur.

Cinq minutes plus tard, ils roulaient en direction de la forêt de Fontainebleau.

Jeudi... dix-huit heures.

L'homme conduisait presque machinalement.

Cette fois, il avait eu chaud ! Les deux flics de Paris étaient venus spécialement pour les interroger, lui et « l'autre ». La machine judiciaire était en route, comme le disaient les journaux.

L'homme se dit qu'il fallait s'y attendre. Après tout, c'est bien ce qu'il voulait et il aurait dû s'en réjouir.

Et pourtant, quelque chose lui disait que l'un au moins des deux flics le soupçonnait fortement. Comme ces deux-là n'étaient visiblement pas tombés de la dernière pluie, il fallait se méfier... ne pas trop parler... faire attention à chaque mot...

Jusque là, il avait bien joué, mais combien de temps pourrait-il encore les tromper... ?

CHAPITRE VI

— Alex, mon amour, où étais-tu passé ? On te cherche partout depuis hier soir.

Gribovitch venait de décrocher le téléphone en pénétrant dans son bureau et en allumant sa première Gitane blonde de la journée. C'était Karine, la standardiste du service, sa plus fervente admiratrice, plus amoureuse que jamais.

— Qui, « on » ? Toi, tu veux dire.

— Pas moi : Roger Dallant ! Il paraît qu'il a du nouveau pour toi dans l'affaire de Fontainebleau.

— J'étais à Fontainebleau, justement. Il pouvait m'appeler sur mon portable.

— Il parait qu'il a essayé et que ça ne passait pas.

Gribovitch se souvint que certaines zones géographiques n'étaient effectivement pas encore accessibles aux téléphones portables et se dit que le commissariat de Fontainebleau était peut-être de celles-là, surtout dans la petite pièce où il était enfermé avec les suspects. Tout à son enquête, il n'avait pas pensé à le vérifier.

— Appelle-le moi, alors.

— « S'il te plaît, mon amour ! »

— Karine… tu me lâches un peu… ?

— Dis « s'il te plaît mon amour » ou je ne l'appelle pas.

C'était un jeu, parfois agaçant. Mais finalement, Karine l'amusait et savait parfois lui remonter le moral quand il en avait besoin. Pourquoi la décevoir ?

— S'il te plaît, mon amour !

— Tu vois, quand tu le veux, tu peux être aimable !

Quelques instants plus tard, il avait Dallant en ligne.

— Ah, enfin, monsieur est disponible ! s'écria le « scientifique » en reconnaissant sa voix.

— Qu'est-ce qui se passe, Roger ?

— Il se passe qu'on a du nouveau sur ta morte de Fontainebleau et que tu n'étais pas là pour entendre la bonne parole.

— J'y suis maintenant. Raconte !

— On a retrouvé des fibres sur ses vêtements. Elle a dû être enveloppée dans un tissu de coton, style plaid de voiture ou couverture, avec du rouge et du vert. En plus, c'était un linge assez rudimentaire, genre coton écru, teint avec des produits artisanaux qu'on trouve dans les pays sous-développés… pardon… « en voie de développement ».

— Comme aux Antilles, par exemple ? demanda Gribovitch qui venait d'avoir une idée.

— Par exemple, oui… Ça te dit quelque chose ?

— Peut-être, Roger… peut-être… Et les causes de la mort, tu as du nouveau ?

— C'est bien les coups sur le crâne qui l'ont tuée.

— « Les » coups… ?

— Oui. Apparemment, le meurtrier s'est acharné. Il a frappé cinq ou six fois. Mais le premier était mortel. On a envoyé les viscères au labo pour des analyses toxicologiques, mais ça m'étonnerait qu'on trouve quelque chose. Je te tiens au courant de toute façon.

— Merci. Merci pour tout.

Il raccrocha et se retourna vers Sophie, qui venait d'arriver.

— N'enlève pas ta veste, lui dit-il en éteignant sa Gitane blonde. On s'en va.

— On va où ?

— On retourne à Fontainebleau, répondit-il en sortant du bureau à grands pas, Sophie sur les talons.

— Tu m'expliques un peu ? Qu'est-ce qu'on retourne faire à Fontainebleau ? On y a déjà passé la journée d'hier.

— Quelque chose qui va te faire plaisir, je n'en doute pas. On va perquisitionner chez Gilles Spartacus et probablement l'arrêter.

Sophie en resta bouche bée. Depuis le début de l'affaire, elle avait été persuadée que son coéquipier protégeait le jeune musicien. Et voilà qu'il décidait de s'attaquer à lui.

— Dallant a découvert des fibres de coton sur les vêtements de la morte, lui expliqua-t-il en montant dans leur vieille Renault 21. Ils viennent d'un tissu mal dégrossi, comme on en trouve aux Antilles. Or, Spartacus a chez lui toute une collection de ponchos multicolores qui lui servent à cacher les fissures dans les murs de sa baraque. Si les tissus sont les mêmes, ça prouvera que le corps de la victime a été enveloppé dans l'un de ces ponchos. Donc que c'est très, très probablement Spartacus qui a tué sa maîtresse.

Sophie hocha la tête. Elle comprenait le revirement de son coéquipier et s'en réjouissait.

— Je t'avais bien dit que Versant n'y était pour rien ! triompha-t-elle, un grand sourire sur les lèvres.

— Bon... ça va... pas la peine d'en rajouter ! grogna Gribovitch en faisant semblant de se concentrer sur sa conduite. Et d'ailleurs, ce n'est qu'une supposition...

*

* *

Gilles Spartacus se demandait ce qui avait bien pu se passer.

La veille au soir, alors qu'il s'apprêtait à partir pour le *Tropicana*, cette boite de nuit de Melun où son orchestre avait décroché un contrat d'animation pour un mois, quatre flics avaient débarqué chez lui à bord d'une Renault 25 et d'un panier à salade.

Il venait pourtant de rentrer du commissariat de Fontainebleau, mais, cette fois, le commando n'était pas dirigé par celui qui était déjà venu l'interroger, le grand chauve avec les lunettes, mais par un petit plus âgé, hargneux comme une teigne.

— Commissaire Ledru, s'était-il présenté, vous êtes bien Gilles Spartacus ?

— C'est moi, oui !

— Suivez-nous. On a quelques questions à vous poser.

— Je dois partir au boulot, leur avait-il répondu.

— Votre boulot, on s'en fout ! Vous êtes accusé de meurtre, alors le boulot, pour vous, c'est fini pour pas mal de temps !

Ils l'avaient embarqué *manu militari* dans le fourgon sans qu'il ait même le loisir de prévenir les autres membres de son orchestre. Ils allaient être obligés d'improviser sans lui.

Arrivés au commissariat de Fontainebleau, ils l'avaient interrogé sans ménagement sur la mort de Louana, l'accusant d'avoir commis le crime avec les mobiles auxquels il s'attendait tant ils étaient classiques :

— Elle voulait vous quitter... elle vous a refusé de l'argent... elle avait appris que vous faisiez du trafic de drogue et voulait vous dénoncer...

Le tout sans la moindre trace de preuve, évidemment.

Il n'avait pas pris l'affaire au sérieux jusqu'au moment où le commissaire lui avait asséné son argument-massue :

— Ne niez pas ! Quelqu'un vous a vu jeter le corps !

C'était une nouvelle accusation à laquelle il ne s'attendait pas, mais il avait vite réagi.

— Je ne vois pas comment quelqu'un aurait pu

me voir jeter le corps alors que ce n'est pas moi qui l'ai fait, avait-il répondu.

— Petit... maigre... connaissant la victime... ce ne peut être que vous !

— Vous êtes sûr que Louana ne connaissait qu'un seul petit maigre ?

— Très bien ! Puisque vous voulez jouer au plus malin, demain matin, on organisera une confrontation, avait conclu le commissaire, à bout d'argument.

Ils en étaient restés là et il avait passé la nuit en garde à vue.

Et maintenant, assis dans sa cellule, il attendait patiemment le bon vouloir des policiers. Il savait qu'ils avaient le droit de le garder vingt-quatre heures, prolongeables d'autant, et il se dit qu'il n'était pas près de sortir de là.

Qui pouvait prétendre l'avoir vu ?

*

* *

— Qu'est-ce que tu as fait ? hurla Sacha Oulianov dans le combiné du téléphone.

Il était arrivé à son bureau de la SCB, Société de Constructions Bellifontaine, sa société de travaux publics, vers neuf heures comme à l'habitude, et s'était empressé d'ouvrir *Le Parisien*, édition nationale.

La manchette du journal, en troisième page, lui avait sauté au visage comme un diable sortant de sa boîte et il avait lu avidement l'article auquel elle correspondait : on y parlait d'un « mystérieux témoin » qui aurait vu l'assassin jeter le corps de madame Louana Versant dans un parterre de fougères de la forêt de Fontainebleau.

Et pour lui, sauf miracle, ce « mystérieux témoin » ne pouvait être que Sonia, à qui il avait pourtant interdit d'en parler. Il s'était donc empressé de lui téléphoner.

— Ne crie pas comme ça ! lui répondit la jeune femme à l'autre bout du fil. Je te dis que je suis allée voir les flics pour leur raconter ce que j'avais vu, mais je ne t'ai pas cité. En plus, le commissaire Ledru m'a dit qu'il garderait l'information pour lui.

— Et tu l'as cru ?

— Bien sûr, que je l'ai cru. C'est un commissaire. En plus, c'est un ami, il ne ferait pas n'importe quoi !

Sacha en bouillait de colère. Cette fille baisait comme une reine, mais elle était vraiment stupide.

— Tu as lu le journal ?

— Non, pourquoi ? lui demanda-t-elle d'une voix innocente.

Elle devait à peine être réveillée et n'était sans doute pas encore sortie. Où avait-elle encore passé la nuit, et avec qui ?

— Lis-le, tu comprendras ! C'est en page trois du *Parisien !* Ton commissaire est un con et tu es aussi conne que lui ! lui cria-t-il, furieux, avant de raccrocher brutalement.

Liliane, sa secrétaire, entra avec le courrier, interrompant ses sombres pensées. Voyant le visage renfrogné de son patron, elle préféra poser les lettres devant lui sur le bureau et fit promptement demi-tour. Les colères du patron étaient bien connues dans l'établissement et mieux valait, dans ces moments-là, être le plus loin possible de son rayon d'action.

Mais Sacha n'avait pas vraiment la tête à pousser un coup de gueule, accablé par l'ampleur du désastre qu'il pressentait. Il connaissait bien le commissaire Ledru pour l'avoir souvent invité aux fêtes de l'entreprise et pour lui avoir rendu divers services. Il savait qu'il était proche de la retraite. Pourquoi cette soudaine publicité pour une affaire qui aurait mérité d'être traitée dans la discrétion ? A moins que les journalistes n'aient intercepté l'information ailleurs qu'au commissariat ? De toute façon, le mal était fait.

— Liliane..., dit-il alors que la secrétaire allait atteindre la porte.

La jeune femme se retourna, déjà inquiète.

— Je dois m'absenter, dit-il. Je serai là pour midi. J'avais des rendez-vous ce matin ?

— Les Allemands de Munich, pour le contrat de construction de l'hôtel près du château.

— A quelle heure ?

— Onze heures, monsieur.

— Je serai rentré d'ici là. Sinon, demandez-leur de patienter quelques minutes et offrez-leur un café...

— Bien, monsieur.

Il sortit précipitamment, laissant Liliane désarçonnée. Elle n'avait jamais vu son patron aussi troublé.

Elle attendit qu'il soit sorti, puis s'approcha de son bureau. Elle décrocha le téléphone qu'il venait de raccrocher et appuya sur la touche « bis ». On répondit presque immédiatement.

— Oui ? entendit-elle.

— Bonjour, mademoiselle. Je voudrais parler à Gérard !

— Gérard ? Il n'y a pas de Gérard ici !

— Je ne suis pas au 64.65.66.67... ?

— Non, vous êtes au 64.36.89.85...

— Oh, excusez-moi...

Elle nota le numéro sur un post-it jaune, cacha le petit papier dans son soutien-gorge et retourna dans son propre bureau.

Elle savait que son patron avait une maîtresse et connaissait maintenant son numéro de téléphone. Mais pourquoi l'avait-il engueulée ce matin avec tellement de véhémence ?

Une petite voix intérieure lui disait qu'il ne s'agissait pas d'une simple querelle d'amoureux...

*

* *

L'inspecteur Gribovitch tambourinait à la porte de la masure comme il l'avait fait la première fois : avec beaucoup de conviction.

Décidément, ce musicien était bien difficile à réveiller.

— Ne te fatigue pas. Apparemment, il n'est pas là, lui dit Sophie, qui venait de faire le tour du petit bâtiment pour aller regarder à l'intérieur par une fenêtre de derrière.

— Il y a pourtant sa voiture, fit remarquer Alex.

— Il est peut-être sorti à pied.

— A pied ? Pour aller où ?

— A la chasse dans la forêt. Il nous a dit qu'il allait tuer un lapin de temps en temps pour améliorer son ordinaire...

— Regarde plutôt..., fit observer Gribovitch, qui venait de remarquer des empreintes de pneus sur le sentier sablonneux qui menait à la route. On dirait que quelqu'un est venu le chercher.

— D'après l'écartement, on dirait même une camionnette, remarqua Sophie en suivant les traces des yeux.

— ... ou une estafette de la police.

— Les gendarmes, tu crois ?

— Les gendarmes ou nos collègues de Fontainebleau. Ce commissaire Ledru ne m'a pas paru très franc du collier. Je redoute le pire !

Gribovitch activa son téléphone portable.

De là, il fonctionnait ! Il composa le numéro du commissariat de Fontainebleau qu'il avait noté la veille.

— Le patron s'il vous plaît. demanda-t-il quand il eût obtenu la communication.

— Commissaire Ledru, entendit-il enfin.

— Inspecteur Gribovitch, des Affaires Spéciales. Je suis chez le jeune Gilles Spartacus et la maison est vide. Il ne serait pas chez vous, par hasard ?

— Affirmatif ! répondit le commissaire manifestement fier de lui. On l'a coincé pour l'assassinat. Un témoin l'a vu jeter le corps de madame Versant dans un fourré. Vous n'avez pas lu les journaux ?

Ainsi, une fois de plus, Dallant ne s'était pas trompé. Pourtant, le ton de triomphe employé par le commissaire Ledru et sa référence aux journaux ne lui disaient rien de bon.

— Il a avoué ? demanda Gribovitch.

— Pas encore, mais ça va venir.

— Vous avez des preuves contre lui ?

— Pas besoin de preuve : on a un témoin !

— Un ou plusieurs ?

— Un seul, mais c'est bien suffisant.

Gribovitch connaissait trop la faible valeur d'un simple témoignage pour s'en contenter. « *Testis unus, testis nullus !* » [1] disait un vieux proverbe bien connu des juristes. Mais il ne fallait pas effrayer l'autre, visiblement trop content d'avoir arrêté le musicien.

— Écoutez, dit-il en essayant de garder son calme, il faut qu'on perquisitionne chez lui. Le labo nous a fourni un élément de preuve important. Pouvez-vous nous le ramener ici ?

Il sentit une hésitation au bout du fil. Le commissaire Ledru devait craindre de voir lui échapper la gloire du dénouement. Il s'empressa de le rassurer.

— Naturellement, vous garderez le mérite de

1. « Témoignage unique, témoignage nul. »

l'arrestation puisque c'est vous qui l'avez opérée, ajouta-t-il.

Son interlocuteur hésita encore quelques instants, puis, au grand soulagement de Gribovitch, finit par céder.

— Dans ces conditions, dit-il, on arrive.

Gribovitch referma son téléphone portable avec un soupir de soulagement. Il avait sauvé l'essentiel.

— Qu'est-ce qui se passe ? demanda Sophie en le voyant contrarié.

— Les cons ! lui répondit-il en s'asseyant dans la Renault 21. Ils ont arrêté Spartacus sur la foi d'un témoignage, paraît-il. J'espère qu'ils ne vont pas tout bousiller !

CHAPITRE VII

La séance de l'Assemblée nationale avait duré toute la nuit, un de ces marathons qui donnent aux députés l'impression de s'épuiser à vouloir faire le bonheur de leurs concitoyens malgré eux, inconscients qu'ils sont de la chance qu'ils ont d'avoir voté pour eux.

Assis à la terrasse d'une brasserie, à l'angle du boulevard Raspail et du boulevard Saint-Germain, Raoul Versant finissait son café-crême et s'apprêtait à reprendre la route de Fontainebleau quand Sacha Oulianov se matérialisa devant lui.

— Tiens, Sacha ! lui dit-il, un peu surpris.

Les deux hommes étaient des complices de vieille date.

Plusieurs années auparavant, alors que l'entrepreneur n'était qu'un jeune immigré russe évadé du « paradis soviétique », Versant l'avait aidé à monter sa société de construction et de travaux publics. Lui-même était encore un jeune politicien local plein d'avenir, adjoint à la mairie de Fontainebleau, mais il avait pu lui faire obtenir des petits marchés qui avaient permis à Sacha de démarrer sur de bonnes bases.

Par la suite, l'un et l'autre avaient pris de l'importance, Sacha devenant un constructeur local bien implanté et Versant obtenant son mandat de conseiller général, puis de député.

— Je te cherchais ! répondit Oulianov en s'asseyant en face de lui, tout excité. Tu as lu ça ?

Il déplia *Le Parisien* qu'il portait roulé sous le bras et en montra le titre de troisième page à son vieil ami. Celui-ci y jeta un coup d'œil et lui rendit le journal. On y parlait du « témoin surprise » qui avait vu l'assassin jeter le corps de sa femme en forêt de Fontainebleau.

— Qui a fait ça ? lui demanda-t-il.

— Ça ne peut être que Sonia. Tu la connais, elle parle toujours trop.

— Elle était là-bas cette nuit-là ? s'étonna Versant.

— Un hasard… un pur hasard…

— Comment le sais-tu ?

Sacha baissa la tête, gêné. Le député était au courant de ses turpitudes, mais il avait du mal à en parler de lui-même.

— C'est donc que tu étais avec elle, conclut Versant.

— C'est vraiment un hasard, je t'assure. La forêt est grande, et il a fallu que tu viennes juste à l'endroit où nous étions. Tu as failli nous jeter le corps sur la figure.

— Que je jette le corps ? Tu es fou ou quoi ? tonna Versant.

— Mais… c'est bien toi qui… qui as…

— Tu étais là-bas, toi aussi. Tu as donc tout vu ?

— Je… je n'avais pas mes lunettes…

Versant éclata de dire, manquant de peu de renverser son café sur son costume.

— C'est donc ça ! Tu as vu quelqu'un venir jeter le corps, et comme tu n'avais pas tes lunettes, tu as cru que c'était moi. Tu es fou, mon pauvre Sacha !

— Mais en m'approchant, j'ai bien reconnu Louana !

— Tu as reconnu Louana, mais tu ne m'as pas vu la jeter en forêt puisque ce n'était pas moi !

Sacha en resta perplexe. Versant mentait-il pour le persuader que c'était la version à accréditer, ou disait-il la vérité ? Il fallait qu'il en ait le cœur net.

— Mais c'est bien toi qui l'as tuée ? insista-t-il.

— Si on te le demande, tu diras que tu n'en sais rien ! lui répondit le député en se levant. En tout cas, ta copine est dangereuse. Elle parle trop.

Il prit son attaché-case et s'éloigna vers sa voiture, Sacha sur les talons.

— Tu ne veux quand même pas que je…, demanda celui-ci en marchant, sans finir sa phrase de peur de prononcer les mots fatidiques.

— Ne parle pas si fort, on va t'entendre. Je te demande seulement de trouver une solution pour la faire taire. A raconter tout et n'importe quoi aux flics, elle va finir par leur dire une grosse connerie !

Le député venait d'arriver à sa voiture, garée sur un passage pour piétons, et s'installa au volant.

— Je… je ne peux pas faire ça…

— Prends tes responsabilités. Pour une fois…,

répondit Versant sur un ton sévère. Si je plonge, tu plonges avec moi, tu le sais bien.

Il referma la portière, mit le contact et démarra en direction de la porte d'Orléans.

Sacha le regarda faire, les bras ballants, ne sachant que penser. Il se résolut à regagner sa propre voiture.

— Non, vraiment, je ne peux pas faire ça, se dit-il en s'installant au volant et en bouclant sa ceinture.

Il ne pouvait pas se séparer de Sonia en douceur, il le savait. S'il la larguait, il était sûr qu'elle le ferait chanter et irait raconter partout son petit vice.

Mais d'un autre côté, il avait besoin du député. Versant était aussi président de la commission des finances au conseil général, un poste hautement stratégique pour l'attribution des marchés publics. Il ne fallait surtout pas se fâcher avec lui, ni le voir mêlé à un scandale en cette période où les hommes politiques étaient dans le collimateur de le justice. S'il allait en prison, finis les marchés juteux pour la SCB, la Société de Constructions Bellifontaine. Donc pour Sacha Oulianov.

Mais pourquoi cette imbécile de Louana était-elle allée se mêler de ce qui ne la regardait pas ? Sans sa curiosité malsaine, elle serait encore vivante et tout irait bien comme avant.

Quant à Sonia, elle était dangereuse, Versant le lui avait dit. Il fallait donc absolument la faire taire.

*

* *

— C'est pas trop tôt ! grogna Gribovitch en voyant la Renault 25 de police déboucher de la route principale et s'engager sur le sentier qui menait à la maison de Spartacus.

Depuis une heure qu'il attendait, il avait grillé Gitane blonde sur Gitane blonde, inquiet que le commissaire Ledru n'ait changé d'avis. Il n'avait pas pensé à lui laisser le numéro de son portable pour que l'autre l'appelle en cas de pépin.

Il se leva du tronc d'arbre sur lequel il était assis et regarda la voiture s'approcher. Il écarquilla soudain les yeux en voyant les deux autres véhicules qui la suivaient : des journalistes ! Ledru s'était fait accompagner de son escorte médiatique. La tuile !

Le premier véhicule s'arrêta devant lui et le commissaire en descendit, faussement désolé.

— Je n'ai pas pu m'en débarrasser, dit-il, en s'approchant de Gribovitch, ils me suivent partout !

— Ce n'est pas grave, lui répondit Alex en masquant soigneusement la fureur qui l'habitait, vous vous occuperez d'eux pendant que nous ferons la perquisition.

Une solution qui ne pouvait que réjouir le vieux commissaire, il l'avait compris. D'ailleurs, la meute descendait déjà des voitures et se dirigeait vers lui au pas de course, caméras, magnétophones et appareils photo en batterie.

— Commissaire, pourquoi cette perquisition ? demanda une petite blonde très jolie en mettant son dictaphone sous le nez de Gribovitch.

— Avez-vous réuni de nouvelles preuves contre

Gilles Spartacus ? enchaîna un deuxième en vérifiant que son cameraman filmait bien l'inspecteur.

— Quelles sont les charges qui pèsent contre le suspect ? insista un troisième en même temps qu'il le photographiait.

A l'écart, Ledru semblait désemparé. Pourquoi les micros et les caméras ne se tournaient-ils pas vers lui ? Gribovitch s'empressa de réparer l'injustice.

— Mesdames, messieurs ! cria-t-il pour couvrir le brouhaha qui montait. D'abord, je ne suis pas commissaire, mais seulement inspecteur. Ensuite, le commissaire Ledru connaît tout cela beaucoup mieux que moi. Il va donc vous parler de l'affaire pendant que ma collègue et moi procéderons à la perquisition. Nous nous reverrons à la fin...

Caméras et micros se tournèrent d'un seul mouvement vers le commissaire, qui retrouva le sourire et se mit à broder sur les détails du peu qu'il savait, ravi d'être revenu au centre de l'attention générale.

Spartacus était descendu de voiture, menotté et encadré de deux policiers en tenue. Gribovitch s'en approcha.

— On y va, lui dit-il. Vous avez la clé ?

L'autre la lui tendit et ils pénétrèrent dans la maison. Immédiatement, Gribovitch alla se poster devant le mur du fond de la pièce et se tourna vers le musicien.

— C'est lequel ? lui demanda-t-il simplement en montrant de la tête les ponchos qui recouvraient la paroi lézardée.

— Lequel quoi ?

— Ne jouez pas les idiots. Celui dans lequel vous avez enveloppé le corps pour aller le jeter dans la forêt.

Spartacus hésita quelques secondes, puis baissa les yeux. Gribovitch se dit que le bluff avait marché...

— Celui-ci..., avoua le musicien en lui désignant l'un des ponchos.

Sophie s'empara d'une chaise, y grimpa et se mit en devoir de détacher le vêtement.

— Mais ce n'est pas moi qui l'ai tuée, je vous le jure ! protesta Spartacus.

— Ben voyons ! riposta Sophie. Vous allez nous dire qu'elle était déjà morte quand vous l'avez trouvée chez vous, et que vous l'avez jetée en forêt pour ne pas qu'on vous accuse !

— Exactement, répondit le musicien.

— On verra ça plus tard, intervint Gribovitch. Pour l'instant, il faut sortir d'ici en évitant la meute...

— Par la cuisine, indiqua Spartacus La porte donne derrière la maison.

Alex regarda Sophie, qui comprit immédiatement.

— C'est bon, j'y vais, dit-elle simplement.

Elle avait roulé le poncho désigné par Spartacus et le tendit à Gribovitch. Puis, elle sortit tranquillement.

— Les clés des menottes, demanda Alex au plus gradé des deux policiers en tenue.

— Les clés... mais... je n'ai pas le droit. Il faut que je demande au commissaire.

— Vous voyez bien qu'il est occupé avec la presse !

Si vous l'interrompez et que les journalistes s'en vont, il va vous en vouloir !

L'autre hésita. Le commissaire lui avait dit de garder le prisonnier. D'un autre côté, l'interrompre pour une peccadille alors qu'il était en pleine conférence de presse…

Gribovitch sentit la réticence et décida d'enfoncer le clou.

— Nous dépendons directement du ministre. Un échec à cause de vous serait catastrophique pour tout le monde…

Impressionné, le policier lui tendit la clé des menottes, qu'Alex s'empressa d'empocher avant qu'il ne change d'avis.

— Allons-y, dit-il à Spartacus.

Ils se dirigèrent vers une petite porte située au fond de la cuisine et Gribovitch l'ouvrit. Sophie venait d'arriver au volant de la Renault 21, moteur tournant. Alex poussa le musicien sur le siège arrière et s'assit près de lui. Sophie démarra tranquillement et la voiture s'éloigna sur le sentier.

Alors qu'ils allaient atteindre la route principale, Gribovitch se retourna. Il aperçut les journalistes qui se précipitaient au pas de course vers leurs véhicules, abandonnant le commissaire Ledru à ses deux policiers en tenue.

Ils s'étaient rendus compte qu'ils s'étaient fait rouler dans la farine et allaient sans doute entamer la poursuite pour retrouver les vrais protagonistes de l'affaire.

*
* *

Sonia ouvrit péniblement un œil, puis deux. Avait-elle rêvé ou était-ce bien la sonnette de la porte d'entrée qu'elle avait entendue ?

Elle regarda le radioréveil lumineux installé sur sa table de nuit. Midi... Elle s'était rendormie à neuf heures après le coup de fil de Sacha, rentrant d'une nuit agitée, mais fort agréable, avec un jeune apprenti-motard de l'école de gendarmerie de Fontainebleau, et elle avait de la peine à émerger de sa léthargie.

Un nouveau coup de carillon la confirma dans sa première impression : c'était bien chez elle qu'on sonnait.

Elle posa le pied à terre, passa une robe de chambre, se dirigea vers la porte et regarda par l'œilleton.

— Sacha... qu'est-ce que tu veux encore ? demanda-t-elle.

— Te parler simplement. Ouvre, je n'ai pas mes clés sur moi.

— On se voit ce soir, non ?

— Oui, mais j'ai une urgence !

Sonia se dit qu'une séance supplémentaire imprévue serait toujours bénéfique pour ses finances et tourna la clé dans la serrure.

— A genou, chien ! cracha-t-elle d'une voix autoritaire tandis que Sacha entrait dans l'appartement.

— Je ne suis pas venu pour ça, lui répondit-il, très sérieux, en s'asseyant sur le canapé du petit salon. Lis !

Il lui tendait *Le Parisien* ouvert à la page trois et elle aperçut le titre qui s'étalait sur six colonnes Elle parcourut rapidement l'article et posa le journal sur le canapé.

— Et alors ? lui demanda-t-elle. Tu m'as déjà réveillée ce matin pour me parler de cette histoire. Tu vois bien qu'ils ne citent pas mon nom.

— Peut-être, mais moi, je sais que c'est toi. Et mon ami aussi.

— Ton ami, quel ami ? demanda Sonia, qui commençait à ne plus rien y comprendre.

— Il se trouve que je connais le mari de la victime, répondit Sacha en se levant et en passant derrière elle. C'est un ami.

Il avait repéré, posée sur la table, la cravache dont Sonia se servait pour le frapper lors de leurs séances sado-maso et venait d'avoir une idée de la façon dont il allait s'y prendre pour brouiller les pistes une fois qu'il aurait fait ce qu'il était venu faire.

— Tu veux dire... tu veux dire que tu connais celui qui a tué cette femme ? demanda Sonia, stupéfaite.

— Exactement.

— Donc tu connaissais la femme aussi ?

— Bien sûr ! répondit Sacha en s'approchant de la table sur laquelle était posée la cravache.

— Tu l'as reconnue l'autre nuit et tu n'en as rien dit !

— Décidément, tu deviens de plus en plus intelligente ! ironisa Sacha. Un peu trop, même, à mon goût. En plus, tu parles trop, je te l'ai déjà dit.

— Et qu'est-ce que tu comptes faire pour m'en empêcher ?

— Ça !

Il s'était emparé brusquement de la cravache avec laquelle elle le punissait d'habitude et venait de la lui passer autour du cou.

Sonia comprit que, cette fois, ce n'était pas un jeu. Dans un réflexe de défense primaire, elle voulut se dégager, mais Sacha était beaucoup trop fort pour elle. Elle tenta de se relever, mais il la tenait solidement, appuyant son genou contre le dossier du canapé de cuir fauve. Peu à peu, le souffle lui manqua. Son visage devint rouge, puis blanc, puis bleu, et quand elle cessa de se débattre, Sacha sut qu'il avait gagné.

Il relâcha la tension sur la cravache, vérifia que la jeune femme était morte, la souleva, la porta dans la chambre, l'allongea sur le lit encore en désordre, la déshabilla entièrement et la coucha sur le dos.

Il prit dans le bas de son armoire la petite mallette où elle rangeait ses instruments de torture et en sortit les accessoires dont il avait besoin. Il lui passa les menottes aux poignets et l'attacha aux montants du lit. Puis, il lui enserra le visage dans le masque de contention dont elle se servait d'habitude avec lui, prit la cravache et se mit à la frapper de toutes ses forces sur les cuisses, les seins, le sexe. Le corps tressautait sous les coups et du sang perlait le long des sillons qui se dessinaient sur la peau.

Il ne s'arrêta que quand il fut vraiment fatigué, essuya ses empreintes sur la cravache et la jeta au pied du lit.

Puis, il remit de l'ordre dans sa tenue, se dirigea vers le salon, ouvrit la porte, vérifia que le couloir de l'immeuble était désert et sortit tranquillement en tirant la porte sans faire de bruit.

CHAPITRE VIII

— Gribo, tu ne vas pas recommencer !

Le commissaire Griffon semblait excédé. Sous la douceur du ton, Gribovitch sentait percer une lassitude que Sophie partageait largement.

— D'accord, patron, on en reste là, concéda Alex.

La veille, ils avaient ramené Gilles Spartacus et donné le poncho saisi chez lui au laboratoire de Dallant. Celui-ci s'était précipité sur la pièce à conviction et l'avait immédiatement passée au microscope électronique à balayage. Son diagnostic avait été formel : les fibres du vêtement étaient bien identiques à celles retrouvées sur le corps de Louana Versant.

D'ailleurs, le musicien avait reconnu les faits, mais en y apportant un correctif de taille.

— C'est bien moi qui l'ai emportée dans la forêt, avait-il dit, mais ce n'est pas moi qui l'ai tuée !

Version que Gribovitch avait voulu écouter jusqu'au bout, malgré les sarcasmes de Sophie.

— Je suis rentré d'un concert vers trois heures du matin, lundi de la semaine dernière, avait expliqué le musicien. Louana était dans mon lit. Je n'avais pas vu sa voiture, mais comme elle la garait parfois derrière la maison, je n'y ai pas fait attention. En entrant, je lui ai parlé. Elle ne m'a pas répondu. J'ai cru qu'elle s'était endormie en m'attendant...

— Elle pouvait venir te voir la nuit sans que son mari ne dise rien ? s'était étonné Gribovitch.

— Il passait souvent la nuit dehors, lui aussi. Il disait quc c'était pour son travail à l'Assemblée nationale. En réalité, elle le soupçonnait d'avoir une maîtresse.

— Et alors, qu'est-ce que vous avez fait ? avait demandé Gribovitch pour l'inciter à continuer son récit.

— Je me suis déshabillé en silence, avait repris Spartacus, je me suis couché près d'elle et j'ai commencé à la caresser. D'habitude, à ce stade là, elle se réveillait. Mais cette fois, rien ! Elle restait totalement inerte. Ça m'a inquiété. Je l'ai secouée et là, je me suis rendu compte qu'elle était morte. J'ai vu alors qu'elle avait du sang sur les cheveux. Ça m'a foutu une de ces pétoches ! J'étais paniqué !

— Ben voyons..., avait ironisé Sophie, un sourire au coin des lèvres. Manifestement, elle ne croyait pas un mot de ce que racontait le musicien.

— J'ai essayé de réfléchir, mais je ne savais plus où j'en étais. J'ai failli appeler les flics, mais je me suis dit qu'ils ne me croiraient pas. Ils m'accuseraient de l'avoir tuée, avait néanmoins continué le musicien. Cela m'a calmé d'un coup. Alors je me suis dit qu'il fallait que je me débarrasse du corps, et je l'ai enveloppé dans le poncho pour la transporter en forêt. Puis, j'ai pensé que si on la trouvait comme ça, l'enquête allait remonter jusqu'à moi. Il valait donc mieux faire croire à un suicide pour que les flics ne cherchent pas trop loin. C'est pour ça que je lui ai tiré une balle dans la tête en mettant un oreiller sur le pistolet pour que la détonation ne s'entende pas trop dans la nuit.

— Remarquez, chez vous, les voisins sont loin…, avait fait remarquer Sophie, toujours aussi incrédule.

— Ensuite, avait poursuivi Spartacus sans tenir compte de l'interruption, je l'ai mise dans ma voiture et je l'ai emportée dans la forêt. Là, je l'ai jetée dans un buisson de fougères, je lui ai mis le pistolet dans une main et j'ai tout arrangé pour faire croire à un suicide.

— Et vous avez failli réussir ! avait admis Gribovitch. Sans les résultats du labo… Mais sa voiture, qu'est-ce que vous en avez fait ?

— Sa voiture n'était pas là. Quelqu'un l'avait amenée et l'avait déposée dans mon lit pour me faire accuser, j'en suis sûr. Et ce ne peut être que son mari. Il a réussi, ce salaud !

— Vous vous rendez compte de ce que vous dites ? s'était offusquée Sophie. Vous accusez un député sans preuve !

— Député ou non, c'est lui qui l'a tuée !

— Et le drap ?

— Quel drap ?

— Celui sur lequel elle était couchée quand vous l'avez trouvée. Si elle saignait de la tête, il devait y avoir du sang sur le drap. Et l'oreiller ?

— Je les ai brûlé, avait répondu Spartacus. C'étaient des pièces à conviction contre moi.

Ils en étaient restés là. Spartacus avait été placé en chambre de sûreté et Griffon avait prévenu le juge d'instruction, qui lui avait demandé de le garder jusqu'à sa présentation au Palais de justice.

Pourtant, Gribovitch se s'estimait pas satisfait. Pour lui, en dépit des apparences et de toutes les preuves accumulées contre lui, le musicien disait la vérité.

— Vous irez le présenter au juge vous-mêmes, dit Griffon à Sophie et à Gribovitch, ça vous changera les idées. La convocation est pour quatorze heures.

La sonnerie du téléphone retentit dans la pièce alors que les deux inspecteurs se levaient pour sortir. Griffon décrocha.

— Oui… ?

Alex et Sophie se dirigeaient vers la porte quand le commissaire leur fit signe de rester et brancha le haut-parleur du téléphone.

— … m'ont laissé dans la merde avec les journalistes, entendirent-ils Ledru hurler dans l'appareil. En plus, ils sont partis avec *mon* coupable. C'est scandaleux !

Griffon laissa son interlocuteur déverser sa bile, puis se mit à lui parler calmement.

— Je suis heureux que vous m'ayez appelé pour tenter de régler cette affaire à l'amiable, mon cher collègue. J'allais justement adresser un rapport au ministre !

— Vous avez raison, vociféra Ledru, manifestement furieux. Ils méritent une sévère punition !

— Je crains que vous ne compreniez mal mon propos, cher ami. Le rapport est contre vous !

Cette fois, le silence se fit au bout de la ligne.

— Contre moi ? Je ne comprends pas…

— C'est nous qui avions la commission rogatoire dans cette affaire, expliqua Griffon. Or, vous êtes allé arrêter le principal suspect sans nous consulter et vous avez failli tout faire échouer par votre stupide initiative.

— Mais… mais…, balbutia Ledru visiblement cueilli à froid. J'avais un témoin…

Gribovitch et Sophie devinaient le désarroi de Ledru et se retenaient d'éclater de rire.

— Qui plus est, continua Griffon pour enfoncer le clou, vous avez mêlé la presse à une affaire dans laquelle un député a perdu son épouse sans même savoir ce qui pouvait se passer par la suite. Dans le climat politique actuel, c'est proprement scandaleux ! Heureusement que mes deux inspecteurs ont pu rétablir la situation et sortir le suspect de vos griffes ! Mon rapport est prêt. Je demande au ministre votre mise à la retraite anticipée avec demi-salaire.

Cette fois, le silence dura si longtemps qu'ils se demandèrent si, dans son commissariat, Ledru n'avait pas péri d'une crise cardiaque.

— Écoutez, finit-il par plaider, c'est un malentendu… je ne savais pas que vous aviez une commission rogatoire. Quant aux journalistes, vous les connaissez : dès qu'ils ont un os à ronger, ils ne le lâchent plus.

— Ils n'ont quand même pas débarqué par hasard sur les lieux de la perquisition. Et l'existence de ce témoin oculaire qui a vu quelqu'un se débarrasser du corps, ils ne l'ont pas inventée !

— C'est vrai... j'ai peut-être été un peu imprudent dans mes propos, reconnut le commissaire. Mais ça ne se reproduira plus, je vous le promets !

— Très bien, j'accepte vos excuses, répondit Griffon, grand seigneur. Mais ne venez plus nous mettre des bâtons dans les roues !

— C'est bien aimable à vous, monsieur le commissaire, pleurnicha l'autre. Puis-je vous être encore utile ?

— Certainement ! Il nous faudrait les coordonnées de ce fameux témoin oculaire. Mes inspecteurs aimeraient bien l'interroger en tête à tête.

— Bien sûr, commissaire. Il s'agit d'une jeune fille... Sonia Michaud. C'est la fille de l'un de mes anciens amis, c'est pourquoi elle s'est confiée à moi. J'emmènerai vos inspecteurs chez elle si vous le voulez.

— Ce sera avec plaisir, commissaire. Je vous téléphonerai pour vous dire quand ils viendront.

— Très bien, acquiesça Ledru. Et... le rapport ?

— Je le déchire, puisque nous allons maintenant collaborer ! répondit Griffon en froissant devant le combiné téléphonique une vieille enveloppe qui traînait sur son bureau.

— Merci, commissaire... merci... je vous revaudrai ça !

Griffon raccrocha et les trois complices des

Affaires Spéciales purent enfin laisser éclater leur rire.

*

* *

Le tuyau d'arrosage à la main, le député Raoul Versant remplissait les bacs d'irrigation de ses plants de fleurs. Avec l'histoire de France, le jardinage et l'horticulture avaient toujours été ses péchés mignons et il avait fait installer une serre au fond de son jardin pour y cultiver des orchidées, ses roses et ses bonzaïs, mais aussi des plans de tomates, des haricots verts et même quelques ananas.

Ces petits travaux manuels le changeaient des discours qu'il devait prononcer à l'Assemblée devant des parterres endormis ou indifférents, et des jérémiades de ses administrés qui venaient solliciter, qui un emploi pour son fils, qui une recommandation pour un poste administratif, qui une intervention pour l'attribution d'un logement HLM... Heureusement que le service militaire allait disparaître, ce serait un motif de pleurnicherie de moins !

Ce que Sacha lui avait révélé la veille sur le témoignage de Sonia l'avait laissé de marbre. Il était certain que la fille ne l'avait pas reconnu puisque ce n'était pas lui qui avait déposé le corps de Louana dans la forêt.

Quand Sacha lui avait parlé de cette fille, il avait hésité un instant. Si elle avait reconnu Spartacus, son témoignage pouvait le dédouaner. Mais d'un autre côté, c'était orienter les enquêteurs vers les familiers de la victime. Il valait mieux les laisser patauger. Moins ils auraient de témoins, plus ils chercheraient au hasard. Donc moins ils auraient de chances de trouver.

Pourtant, il s'était bien amusé à effrayer cet imbécile en lui faisant croire que la fille risquait de leur porter préjudice. Si, comme il l'espérait, son vieux complice prenait son avertissement au sérieux, il allait se débarrasser d'elle et ce serait aussi bien ainsi. Une hypothèse de plus à explorer pour la police, qui finirait bien par se perdre dans le labyrinthe des fausses pistes.

Mais pourquoi Louana s'était-elle mêlée de ses affaires ? Pourquoi était-elle arrivée dans la serre à un si mauvais moment, elle qui n'y mettait jamais les pieds ? A cause de cet imbécile de musicien, une fois de plus !

Ce jour-là, elle avait trouvé sa comptabilité secrète et découvert le pot-aux-roses : le juteux marché des travaux d'intérêt collectif du département, qui laissaient de substantielles commissions aux gens bien placés pour décider de leur attribution.

C'est ainsi que Sacha Oulianov et sa Société de Constructions Bellifontaine avaient pu prospérer, moyennant un pourcentage sur les marchés attribués.

Le système était simple : les enveloppes de soumission de travaux étaient passées à la vapeur et ouvertes discrètement peu de temps avant la clôture des enchères. Il suffisait alors à Sacha de présenter des devis inférieurs à ceux du « moins-disant » et il remportait le marché. Restait ensuite à négocier des avenants pour ajuster les prix et payer tous les intervenants. Dont lui-même qui, à la commission des finances du conseil général, disposait d'un poste de premier choix.

Tout avait bien marché jusqu'au jour où Louana avait voulu le faire chanter en se montrant d'une excessive gourmandise.

— Je veux tout, lui avait-elle annoncé. La maison... la voiture... une pension alimentaire... tout ! Tu as gâché ma vie et j'ai bien l'intention de me rattraper !

Il avait essayé de la raisonner, mais en vain. Elle le haïssait tellement qu'elle en était devenue laide en lui parlant. Ce n'était pas son musicien minable qui la rendait aussi agressive, il le savait. En fait, elle ne lui avait jamais pardonné de ne pas lui avoir fait un enfant. Ce n'était quand même pas sa faute s'il était stérile !

Devant la détermination bornée de sa belle épouse, il avait perdu la tête et brusquement décidé de la supprimer. Non seulement pour lui-même, mais surtout pour le parti auquel il appartenait, et qui serait éclaboussé en cas de scandale financier. Il n'avait vraiment pas besoin d'une tuile de ce genre. Et il connaissait Louana, il était sûr qu'elle aurait mis ses menaces à exécution.

Un bruit de moteur de voiture brusquement coupé, puis un claquement de portière lui firent dresser l'oreille. Qui pouvait venir le déranger jusque chez lui en plein midi ?

— Monsieur Versant ?

Il reconnut la voix avec un battement de cœur qui le surprit lui même : c'était la jolie femme-policier des Affaires Spéciales qui était venue lui annoncer la mort de Louana. Se présentait-elle cette fois en amie ou en ennemie ?

Son sourire le rassura. Il se dit qu'unc femme ne sourit pas de cette façon à un suspect qu'elle vient arrêter.

— Bonjour, monsieur le député. Je ne viens pas vous importuner longtemps, lui dit-elle. Je veux simplement vous dire que nous avons arrêté l'assassin de votre épouse.

Versant avait coupé l'eau et posé son tuyau sur le sol. Il s'approcha de Sophie et lui tendit la main.

— C'est une bien agréable nouvelle que vous m'annoncez là, mademoiselle, lui répondit-il en gardant un visage empreint de tristesse. Certes, ça ne me rendra pas ma Louana, mais au moins, justice sera faite.

Il la prit par le bras familièrement et l'entraîna vers la sortie de la serre. Inutile qu'elle s'attarde dans cet endroit imprégné de mauvais souvenirs.

— Puis-je vous offrir un verre pour cette bonne nouvelle ? Vous allez me dire de qui il s'agit et comment tout cela s'est passé.

— Il s'agit bien de ce Gilles Spartacus dont vous nous aviez parlé, lui révéla Sophie tandis qu'ils se dirigeaient vers la maison.

— Il a avoué ?

— Non. Il prétend avoir trouvé votre épouse déjà

morte en arrivant chez lui et avoir organisé toute une mise en scène pour faire croire à un suicide. C'est un système de défense assez classique. Le juge d'instruction ne s'est pas laissé influencer et va le faire incarcérer cet après-midi. Pour l'instant, il est dans une chambre de sûreté, à Paris.

— J'ai lu dans les journaux que vous aviez obtenu un témoignage décisif. Bravo !

— C'est le commissaire Ledru, à Fontainebleau, qui l'a exploité, éluda Sophie. Mais nous avons contre Spartacus des charges beaucoup plus accablantes. Nous avons retrouvé le poncho antillais dans lequel il avait enveloppé le corps.

Versant hocha la tête, rêveur.

— C'est vraiment un imbécile ! Comment ma femme a-t-elle pu s'enticher de ce triste individu ?

— Les mystère de l'âme féminine, monsieur le député, philosopha Sophie, de plus en plus sous le charme.

— Accepteriez-vous de déjeuner avec moi, mademoiselle ? lui demanda Versant alors qu'ils montaient les marches du perron. Je pourrai vous parler un peu de Louana. Je ne vois personne en ce moment en dehors de mon milieu de travail. Cela me fera du bien !

Sophie hésita, se demandant où le député voulait en venir. Mais elle se dit qu'après tout, il n'était plus suspect et qu'elle n'avait aucune raison de refuser. Elle venait de faire près de quatre-vingts kilomètres en voiture sous la chaleur, et elle avait faim et soif.

— Pourquoi pas, monsieur le député...

— Appelez-moi Raoul, lui dit-il en pénétrant dans la maison.

— Je m'appelle Sophie…

— Vous ne le regretterez pas, Sophie. Amalia m'a justement préparé une paella dont vous me direz des nouvelles !

*

* *

L'œil vissé à son microscope, Roger Dallant contemplait la larve immobile sur la plaque de verre. Il avait beau chercher dans sa mémoire, il n'en avait jamais vu d'identique.

Il abandonna son appareil, se dirigea vers la bibliothèque du laboratoire et en sortit tous les livres d'entomologie qui en garnissaient les étagères. Il ajusta ses lunettes sur son nez et commença à les feuilleter les uns après les autres, s'arrêtant sur les images, les photos et les descriptions.

Comment diable allait-il pouvoir identifier cette étrange créature trouvée sur le corps de l'épouse du député de Fontainebleau ? Une chose était certaine : elle n'appartenait pas à la faune que l'on trouvait d'habitude dans cette forêt.

CHAPITRE IX

Gribovitch réveilla Gilles Spartacus, allongé sur son bat-flanc. Le musicien se redressa lentement et se laissa passer les menottes sans réagir.

— Allez, mon grand, on y va ! lui dit-il.

Pourquoi se sentait-il pris d'une quasi-tendresse pour ce gaillard efflanqué aux allures de rasta bien loin, physiquement, du modèle d'homme qu'il admirait d'habitude ?

— C'est pas moi, inspecteur, je vous le jure ! Je vous ai dit la vérité.

— Ce n'est pas suffisant. Il faut la prouver, lui répondit Gribovitch.

— Non, c'est à vous de prouver que je suis coupable !

— C'est vrai, mais actuellement, tout vous accuse !

Spartacus baissa la tête. Il savait que le policier avait raison, mais que faire ? Il n'avait aucun moyen de démontrer sa bonne foi et les apparences étaient contre lui. Sa version des faits était vraiment trop invraisemblable pour être crédible. Et pourtant...

Il suivit Gribovitch sans ajouter un mot. Que dire contre toutes les évidences qui l'accablaient ? Il avait déjà eu maille à partir avec le système judiciaire et savait que les discussions étaient inutiles quand juges et policiers disposaient de quasi certitudes étayées de données scientifiques.

On allait lui fournir un avocat, un jeunot, sans doute, commis d'office puisqu'il n'avait pas d'argent pour le payer. Serait-il assez convaincu de son innocence et assez talentueux pour le défendre efficacement ? Il en doutait...

*

* *

Il était près de quinze heures quand Dallant poussa enfin son cri de victoire. La larve dont il avait la photo devant lui était bien la même que celle posée sous les lentilles de son microscope : une larve de *cochlyimya macelaria* à son stade « deux » de développement, vingt-quatre heures après la ponte.

Il lut les commentaires scientifiques qui accompagnaient les images et dut se rendre compte que cette découverte n'apporterait sans doute rien de nouveau à son ami Gribovitch. La mouche qui avait donné naissance à cette larve vivait sous les tropiques. Or, le poncho qui avait enveloppé la morte venait de la Martinique. Elle avait donc dû se nicher dans un repli du tissu et se poser sur le corps de la victime pour y pondre au cours du transport du corps. Puis, la gestation avait suivi son cours jusqu'à ce que le froid tue la larve. C'était d'une logique irréfutable !

Pourtant, quelque chose clochait. Il ne savait pas quoi, mais il avait conscience d'une lacune dans son raisonnement.

Il chercha encore quelques minutes, mais finit par abandonner. Après tout, lui n'était qu'un scientifique. C'était aux inspecteurs de trouver en décortiquant les raisonnements des uns et des autres.

Il rédigea son rapport, prit un post-it, y griffonna quelques mots et le colla sur la première page du document, qu'il fit porter en urgence au bureau des Affaires Spéciales.

*

* *

Liliane rangea son dernier dossier dans le tiroir du bureau, éteignit son ordinateur et se leva. Il n'était que dix-sept heures dix, mais elle ne pouvait plus attendre. Elle attrapa sa veste d'été accrochée au portemanteau et se dirigea vers la porte.

— Nathalie, je dois rentrer un peu plus tôt. Une histoire de famille. Si monsieur Oulianov me demande, je serai là demain matin comme d'habitude. Bonne soirée.

Depuis dix ans qu'elle travaillait à la Société de Constructions Bellifontaine, elle en était la pierre angulaire et savait que son patron ne lui reprocherait pas cette petite liberté prise avec les horaires habituels de travail.

— Bonne soirée, Liliane. Et... amuse-toi bien, répondit Nathalie avec un petit sourire entendu.

La jeune femme préféra ne pas relever l'allusion. Elle passait pour une dévoreuse d'hommes auprès de ses collègues de bureau et se gardait bien de les détromper. Grande et bien charpentée, elle était dotée d'un visage légèrement chevalin qui n'en faisait pas, au premier abord, une redoutable séductrice. Elle compensait ce handicap physique par une intelligence particulièrement vive qui lui conférait un charme indéniable et attirait certains hommes.

Curieusement, ceux qu'elle avait mis dans son lit lui restaient attachés tant elle montrait, dans ces moments-là, une fougue et une imagination qui les surprenaient agréablement. C'est donc toujours elle qui rompait pour passer au suivant, une façon comme une autre de se rassurer sur sa capacité de séduction.

Mais à l'approche de la quarantaine, elle s'était mise à rechercher davantage l'âme sœur que la satisfaction primaire d'un quelconque instinct de collectionneuse.

Pourtant, un homme avait toujours résisté à ses avances, et c'était celui auquel elle tenait le plus : son propre patron Sacha Oulianov !

Sur un coup de tête, elle avait décidé de quitter son travail plus tôt que d'habitude. Après tout, elle faisait assez d'heures supplémentaires non payées quand le volume d'activité l'exigeait pour se permettre cette petite liberté exceptionnelle.

Mais il fallait qu'elle en ait le cœur net : pourquoi Sacha lui résistait-il ? Certes, il était marié et père de famille, mais elle savait que son couple marchait mal et que sa femme et lui faisaient chambre à part. D'ailleurs, il avait une maîtresse et du côté de sa femme, on murmurait que bien des plombiers, carreleurs et autres conducteurs de travaux de l'entreprise connaissaient par cœur les appâts bien en chair de Svetlana Oulianov.

Depuis plusieurs mois, elle avait tenté de connaître le nom de l'heureuse élue. Sans succès ! Enfin était venue le matin même cette conversation téléphonique qui lui avait permis de repérer le numéro de la belle et, à partir de là, son adresse en cherchant tout simplement dans l'annuaire. Un travail long et fastidieux, mais payant !

Et maintenant, elle allait enfin savoir qui était cette Sonia Michaud qui avait réussi à séduire son cher Sacha et lui faisait barrage !

Elle arriva dans le centre de Fontainebleau, gara sa petite Rover verte sur le parking de la place du marché et se dirigea vers le numéro 107 de l'Avenue de la Gare. Cette salope habitait un bel immeuble !

Elle entra dans le hall et consulta les boîtes à lettres.

« Sonia Michaud- Troisième gauche »

Elle voulut pousser la porte vitrée qui la séparait des ascenseurs, mais en vain : évidemment, il y avait un interphone.

Elle envisagea un moment d'appeler cette Sonia et de se présenter comme la secrétaire chargée par son patron de lui apporter une lettre, mais la solution lui parut risquée : et si, justement, Sacha Oulianov était là ? Il était parti du bureau au milieu de l'après-midi en prétextant un rendez-vous, mais c'était peut-être précisément un rendez-vous galant avec elle !

Heureusement, un couple de retraités qui sortait de l'immeuble résolut son problème. Elle se précipita sur la porte avant qu'elle ne se referme en adressant un grand sourire de remerciement aux sortants, s'introduisit dans l'ascenseur et appuya sur le bouton du troisième.

Le couloir y était désert. Liliane alluma la minuterie, tourna à gauche et trouva la porte qu'elle cherchait. « SONIA » indiquait encore simplement l'étiquette collée sous le bouton de la sonnette.

« Elle se fait même appeler par son prénom... comme une pute ! » se dit-elle avec une pointe de mépris.

Que faire ? S'annoncer au risque de se trouver face à son patron ? Se tapir dans le couloir en attendant que quelqu'un ne sorte ?

A tout hasard, Liliane tourna la poignée de la porte en poussant légèrement : surprise, elle n'était pas fermée à clé !

*

* *

Sacha Oulianov n'avait pas eu le cœur de rester au bureau jusqu'à l'heure qui lui était habituelle. Après tout, il était le patron et n'avait de comptes à rendre à personne.

Il était donc sorti et avait fait une chose qui ne lui était en rien habituelle : pénétrer dans un cinéma. A vrai dire, il n'avait même pas vu le film, une histoire compliquée de mainmise d'un ponte de la mafia sur un casino de Las Végas, lequel ponte était ensuite plus ou moins trahi par la femme dont il était amoureux. Il était bien trop absorbé par ses propres problèmes pour s'intéresser à ceux des autres. Mais là, au moins était-il à l'abri pour réfléchir.

Sonia morte, la police allait fouiller dans sa vie privée et remonterait certainement jusqu'à lui. Mais il connaissait bien le commissaire Ledru : ce n'était pas un foudre de guerre et après quelques investigations de routine, il conclurait au crime commis par un sadique de passage. La solution de facilité à quelques mois de la retraite…

Il sortit du cinéma un peu rasséréné : il ne pouvait en être qu'ainsi. Qui irait soupçonner de telles turpitudes un homme en vue comme lui, qui faisait travailler plus de deux cents personnes dans la région ?

Il regarda sa montre : dix-sept heures quinze… la première édition de *France-Soir* avait dû sortir. Le crime était-il déjà connu de la presse populaire ?

Il s'approcha d'un kiosque et acheta le journal. Il allait le déplier quand un éclair fulgurant lui traversa l'esprit : qu'avait-il fait du *Parisien* du matin, celui qu'il avait emporté chez Sonia pour le lui montrer ? Il fouilla dans sa mémoire, mais il avait beau y réfléchir, il ne se souvenait pas de l'avoir jeté.

Il repassa alors dans sa tête chacun des gestes qu'il avait accomplis depuis le meurtre et l'évidence lui sauta brusquement aux yeux : il avait oublié le journal dans le salon de Sonia. Sans doute avait-il glissé derrière les coussins du canapé pendant qu'il l'étranglait…

Ce journal contenait ses empreintes, et avec les techniques modernes, les policiers ne tarderaient pas à les identifier s'ils les trouvaient. Il fallait absolument le récupérer.

*

* *

Liliane passa la tête dans l'entrebâillement, cherchant à entendre ou voir ce qui se passait dans l'appartement, quand un bruit sec et inattendu lui fit monter le pouls. Mais ce n'était que la minuterie du couloir qui s'éteignait…

Elle attendit encore quelques secondes, puis s'enhardit jusqu'à entrouvrir la porte et pénétrer dans l'entrée. Toujours aucun mouvement et aucun bruit.

Elle referma la porte et, à pas de loup, avança dans l'appartement. Des tapis épais, un salon de cuir fauve, des meubles design du meilleur goût, cette salope n'avait vraiment pas de problème d'argent. Évidemment, avec un amant riche comme Sacha Oulianov…

Un parfum de femme baignait l'ensemble et elle reconnut « Paris » de Yves Saint-Laurent. Mais une autre odeur semblait se mélanger au parfum et Liliane huma l'air comme un chien de chasse, cherchant à l'identifier.

Une porte était ouverte au fond du salon. Sans

doute celle de la chambre ? L'odeur semblait venir de là et elle s'en approcha lentement, redoutant de voir surgir à tout instant l'occupante des lieux.

Le spectacle qui s'offrit à elle lui fit écarquiller les yeux d'horreur.

Une fille était couchée sur le dos au milieu du lit, entièrement nue, les jambes écartées dans une pose obscène, les poignets attachés au-dessus de la tête, le corps lacéré de coups de fouet, un fouet qui gisait sur la descente de lit.

Elle porta sa main à sa bouche dans un geste réflexe pour éviter de vomir, puis se précipita vers la salle de bains dont elle apercevait la porte ouverte au fond de la chambre. Elle arriva juste à temps devant la cuvette des W-C et se soulagea l'estomac.

Que faire, si ce n'est téléphoner à la police ? Mais comment expliquerait-elle sa présence ici ?

Tant pis, elle inventerait n'importe quoi, mais il fallait qu'elle le fasse. Après tout pourquoi ne diraitelle pas la vérité ? Sacha saurait ainsi qu'elle l'aimait et s'intéresserait peut-être à elle, surtout maintenant que sa maîtresse était morte.

Elle se relevait pour revenir dans la chambre quand elle se figea soudain, paralysée de terreur : Sacha Oulianov se tenait dans l'encadrement de la porte et la fixait d'un regard mauvais.

CHAPITRE X

Sophie Leclerc en était sûre, le député Versant ne *pouvait* pas être l'assassin de sa femme.

Quelle force intérieure l'avait poussée à revenir le voir toute seule, avec sa propre voiture personnelle, sans en parler à Gribovitch ni au patron ? Elle ne s'était pas posé la question au début, n'obéissant qu'à son instinct, mais quand elle analysait ses sentiments, elle se rendait bien compte que c'était la femme en elle, et non le policier, qui avait guidé sa décision.

Le député...

— *Appelez-moi Raoul, je vous en prie !*

... l'avait reçue comme une hôte de marque, lui faisant visiter sa maison comme s'ils étaient déjà de vieux amis.

— *J'espère d'ailleurs que nous le deviendrons !*

Il lui avait ensuite fait servir un déjeuner des plus délicieux.

— *C'est toujours Amalia qui fait la cuisine. Cette pauvre Louana ne savait pas faire un œuf au plat ! Mais elle avait bien d'autres qualités !*

Les larmes lui étaient montées aux yeux quand il

avait évoqué le souvenir de sa chère épouse, et Sophie n'avait pu s'empêcher d'en être émue avec lui.

Il avaient parlé de choses et d'autres en évitant toute allusion à l'affaire qui les avait rapprochés. C'était un brillant causeur, féru d'histoire et d'horticulture, mais sachant aussi raconter, sans ennuyer, les anecdotes savoureuses de la vie politique, évoquant avec humour et sans méchanceté les défauts et les travers des gens connus qu'il fréquentait régulièrement.

Elle avait bien remarqué que la jeune et jolie serveuse couvait du regard son patron, mais quoi de plus normal : c'était un si bel homme. Elle en aurait fait autant à sa place. Après le café, elle avait brusquement regardé sa montre et sursauté. Cinq heures de l'après-midi ! Elle n'avait pas vu le temps passer !

Il l'avait raccompagnée à sa voiture sans même essayer de lui voler un baiser, qu'elle lui aurait sans doute rendu sans déplaisir. Mais elle n'allait quand même pas faire le premier pas.

Et maintenant, au volant de sa petite Honda Civic, elle rentrait sur Paris par la Nationale en se remémorant le délicieux moment qu'elle venait de passer.

— Avec un suspect ! allait tonner Gribovitch si elle lui en parlait.

Elle savait qu'il n'avait arrêté Gilles Spartacus qu'à contrecœur et n'avait pas renoncé à ses soupçons contre Raoul…

— Pardon, contre le député Versant…

Si elle l'appelait Raoul devant Gribovitch, il allait encore se moquer d'elle et de sa sensiblerie. Réflexion faite, il valait mieux qu'elle garde cette visite pour elle-même. Après tout, elle n'était pas obligée de raconter sa vie privée à tout le monde. Il faudrait simplement qu'elle fasse attention à ne pas appeler le député par son prénom. Sinon, elle serait encore obligée de défendre sa cause contre les arrière-pensées de son partenaire et cette simple idée lui provoquait des crampes l'estomac.

Absorbée à rechercher des arguments pour défendre son nouvel ami, elle entra dans le rond-point qui marquait la sortie de la ville sans en prendre vraiment conscience.

Le camionneur qui arrivait sur sa gauche la vit avec terreur lui griller la priorité. Il écrasa à la fois la pédale de frein et la commande de klaxon, mais trop tard : l'énorme trente-huit tonnes vint prendre la petite Honda Civic par le travers à hauteur de la portière arrière gauche et la projeta comme un fétu de paille dans le fossé.

*

* *

Gribovitch s'assit devant la juge d'instruction Chantal Bouchaud et attendit. Il la connaissait bien, maintenant qu'ils avaient l'habitude de travailler ensemble. Jamais elle ne lui avait demandé de rester après la remise d'un dossier et il se demandait ce qu'elle lui voulait.

Il lui avait présenté Gilles Spartacus et elle avait procédé à son interrogatoire de première comparution. Elle l'avait averti qu'il pouvait garder le silence jusqu'à ce qu'un avocat lui soit désigné, mais il avait insisté pour parler. Il n'avait d'ailleurs fait que répéter la version qu'il avait déjà soutenue devant lui : il avait trouvé Louana morte en rentrant chez lui et s'était contenté de simuler le suicide et d'aller la jeter en forêt en l'enveloppant dans le fameux poncho qui l'accusait tellement. Puis, elle l'avait mis en examen pour « homicide volontaire avec préméditation sur la personne de Louana Versant » et placé sous mandat de dépôt. Le jeune homme était donc parti pour la prison de la Santé entre deux policiers en tenue.

Elle avait ensuite demandé à Gribovitch de rester pour lui parler en tête à tête.

— C'est vous qui avez mené cette affaire ? lui demanda la juge en reprenant place à son bureau.

— Avec ma collègue, comme d'habitude, répondit Alex.

— Comment le sentez-vous, ce musicien ?

Gribovitch hésita. Que répondre à ce genre de question ? C'est lui qui avait arrêté le jeune homme et l'avait amené ici. Comment allait-elle réagir s'il lui avouait que quelque chose dans cette affaire le gênait ? D'un autre côté, si elle lui posait la question, c'est qu'elle aussi avait des doutes.

— Je ne sais pas que penser, madame le juge. J'ai l'impression qu'il dit la vérité quand il nous donne sa version. Vous avez vu quelle conviction il y met. Mais d'un autre côté, tout l'accuse !

La juge hocha la tête, perplexe.

— C'est aussi ce que je ressens. Vous n'avez pas d'autre piste ?

Gribovitch hésita. Dire ses soupçons concernant le mari, c'était soulever un énorme lièvre sans aucune preuve.

Il décida pourtant de jouer la sincérité.

— Nous fouillons dans la vie du mari de la victime, le député Versant, mais ce n'est pas facile. D'autant que dans le service, des divergences de vue se font jour. Ma collègue Sophie Leclerc par exemple se refuse à envisager cette hypothèse.

Un léger sourire apparut sur les lèvres de la juge.

— Le député Versant est très séduisant..., prononça-t-elle d'une voix suave qui en disait plus long qu'un discours de politicien.

— Je ne pense pas que ce soit la seule raison de sa prise de position, protesta Gribovitch. Il est vrai que nous n'avons aucun élément de preuve contre lui et que tout, par contre, accuse Spartacus.

Il regrettait maintenant de s'être laissé aller à cette confidence. Après tout, les divergences au sein du service ne regardaient pas la juge.

— Vous avez raison, tout est contre ce musicien ! conclut Chantal Bouchaud en se levant pour signifier la fin de l'entretien.

Gribovitch l'imita et se dirigea vers la porte.

— Merci de m'avoir donné votre sentiment, lui dit-elle en l'accompagnant. A vrai dire, je ne suis pas loin de le partager. N'abandonnez pas les autres pistes. Je vais instruire « à charge et à décharge », mais serais très ennuyée si je devais renvoyer un innocent devant les Assises !

Alex lui serra la main en acquiesçant et sortit,

légèrement troublé. La juge l'avait mis dans la confidence de ses pensées et de ses scrupules. C'était suffisamment rare pour qu'il se demande les raisons de ce brusque accès de modestie.

Il cherchait toujours une réponse à sa question en enfilant à grands pas les immenses couloirs du Palais de justice quand son téléphone portable l'obligea à revenir sur terre.

— Oui… ? dit-il en poussant sur le bouton « on ».

— Gribo, c'est Griffon. Sophie a eu un accident de voiture. Elle est à l'hôpital à Fontainebleau.

— Grave ? demanda-t-il en se figeant.

— Rien de mortel, apparemment. Trois côtes cassées, mais pas trop de mal.

— Qu'est-ce qu'elle foutait à Fontainebleau ?

— C'est elle qui nous le dira !

— OK. J'y fonce.

— On se retrouve là-bas.

*

* *

Dès que la voiture de Sophie eût disparu à l'horizon, le député Raoul Versant se précipita dans la maison.

Le danger lui semblait écarté, du moins provisoirement. Il avait fait usage de tout son charme, et la femme-flic, comme la plupart des femmes qu'il courtisait pour une raison ou une autre, y avait été très sensible. Pourtant, à aucun moment, avait-il envisagé de la prendre, de la posséder, là, sur-le-champ, sur le canapé : en cas de refus, c'était une histoire à griller totalement sa carrière, il le savait. « Bon renard chasse loin de son terrier » était l'une de ses plus précieuses devises.

— Amalia ! appela-t-il en rentrant dans le salon.

Heureusement, c'était différent avec elle.

— Si, monsieur… ?

La jeune femme approchait, modeste et ravissante dans son petit tablier blanc et sa courte robe noire avec ses longs cheveux couleur de jais, son petit nez à la retroussette et ses grands yeux toujours étonnés.

— Je t'ai déjà dit qu'on ne dit pas « si », mais « oui » en français ! la gronda-t-il gentiment.

— C'est vrai, monsieur, j'oublie toujours ! s'excusa-t-elle avec un grand sourire enfantin et son délicieux accent portugais.

— Tu seras punie ! Monte m'attendre et prépare-toi, j'arrive !

— Bien, monsieur.

Originaire du Cap Vert, Amalia était entrée clandestinement en France deux ans auparavant et avait rencontré le député dans une boîte de nuit où elle cherchait une bonne âme pour la recueillir. Il l'avait emmenée à l'hôtel pour une heure ou deux, mais elle s'était révélée tellement enthousiaste au lit qu'il avait cherché à la revoir quelques jours plus tard.

Ainsi était née entre eux une liaison d'abord exclusivement fondée sur le sexe. Louana ayant décidé une bonne fois pour toutes de lui refuser ses faveurs, il fallait bien qu'il trouve un chemin de traverse : il n'allait quand même pas, à moins de quarante ans, renoncer aux plaisirs de la chair.

Puis, peu à peu, il s'était pris d'affection pour cette fille toujours souriante et disponible, et quand elle lui avait parlé de ses problèmes de papiers à régulariser, il s'était entremis auprès de ses relations politiques pour lui faire obtenir la fameuse carte de séjour qui la mettrait à l'abri d'un embarquement forcé à bord d'un charter à destination de Praia, la capitale de son pays d'origine, ou plus probablement de Dakar. Accessoirement, et pour lui permettre de gagner sa vie honnêtement sans être obligée d'accorder ses faveurs aux uns et aux autres pour quelques billets de cent francs, il l'avait prise à son service de maison.

Louana n'avait pas été dupe, mais comme elle se désintéressait de lui, l'arrangement ne l'avait en rien gênée. D'ailleurs, peu de temps après, elle avait elle-même son musicien antillais.

Pendant qu'Amalia montait dans la chambre, il sortit dans le jardin et se dirigea vers l'entrée de la serre. Il se souvenait que la femme-flic était arrivée pendant qu'il arrosait les fleurs et qu'il n'avait pas fermé la porte à clé. Il s'était d'ailleurs bien gardé de la faire entrer dans ce lieu sacré entre tous. Surtout maintenant…

Cette petite formalité accomplie, il revint dans la maison et monta directement à l'étage. Dans la chambre, Amalia l'attendait, dans la tenue qu'il aimait. Elle avait enlevé robe et sous-vêtements et n'avait gardé que son tablier de soubrette, qui s'arrêtait au-dessus des genoux, et ses hauts talons noirs. Le blanc du vêtement faisait ressortir sa peau mate de métisse tropicale.

Quand il entra, elle attendit qu'il ait refermé la porte, puis tourna lentement la tête en le regardant avec un petit sourire de connivence.

Il se dirigea vers le lit et s'assit dessus, attentif à ce qui allait se passer.

Roulant doucement sur elle-même, Amalia lui dévoila progressivement ses longues jambes, puis ses hanches et enfin ses fesses nues sans le quitter des yeux. Quand elle lui eut complètement tourné le dos, elle écarta les jambes en tendant la croupe en arrière, se pencha en avant puis écarta ses fesses de ses deux mains, révélant à son amant les deux trésors qu'elle mettait à sa disposition. Sa manière à elle de s'offrir...

Raoul Versant observait le spectacle en connaisseur et l'effet habituel se produisit : il sentit son sexe se dresser et bénit une fois de plus le jour où il avait rencontré cette fille.

— Approche, lui dit-il doucement, d'une voix altérée par le désir.

Amalia lui tournait toujours le dos, penchée en avant, et fit quelques pas en arrière pour s'approcher de lui, amenant sa croupe à hauteur de son visage. Il tendit les mains en avant et passa un doigt entre les deux globes bronzés qu'elle lui offrait, puis s'en empara et les approcha de son visage. Il sortit la langue et se mit à la lécher, d'abord de chaque côté de la raie, puis progressivement de plus en plus au centre. N'y tenant plus, il lança enfin sa langue dans la petite fente.

Amalia, qui n'attendait que cette caresse, poussa un

gémissement de plaisir tout en repoussant la croupe en arrière jusqu'à sentir le nez de l'homme dans la raie de ses fesses. Raoul Versant s'activa encore quelques secondes, appréciant le goût salé du liquide du désir. Puis, il remonta peu à peu et s'empara du petit orifice rose qu'il avait devant les yeux tandis que sa main s'activait sur son pantalon pour en abaisser la fermeture à glissière.

Amalia bougeait la croupe de droite et de gauche comme si elle interprétait une danse d'amour, et la langue de son amant la pénétrait aussi profondément qu'il le pouvait.

Raoul Versant dégagea enfin son sexe dressé et se mit debout derrière elle. Amalia redressa la croupe dans un geste d'invite et il se guida pour placer son membre dur à l'entrée de la petite fente offerte. Il lui saisit les hanches, puis, d'un violent coup de reins, la pénétra entièrement en poussant un rugissement de plaisir. Il resta abuté contre elle, le ventre contre ses fesses. Puis, il la repoussa doucement et entreprit de donner à ses hanches un mouvement d'avant en arrière ample et lent, faisant sortir entièrement son sexe de celui d'Amalia avant de la pénétrer à nouveau complètement.

Il la posséda ainsi pendant quelques minutes, puis la fit se retourner et l'allongea sur le lit. Le petit tablier blanc retroussé sur son nombril créait un contraste des plus érotiques avec la peau très brune de ses seins et de ses cuisses. Il lui saisit les chevilles et lui remonta les jambes à la verticale en les écartant. Amalia saisit son sexe et le guida jusqu'à l'entrée de son trésor intime trempé de désir. Il la pénétra de nouveau et la pilonna avec violence jusqu'à sentir monter la sève dans ses reins.

Amalia poussait de petits feulements de plaisir en se mordant les doigts. Elle poussa à son tour un cri de jouissance quand elle sentit enfin la sève de l'homme se répandre en elle.

*

* *

Sacha Oulianov resta figé de stupeur. Les questions se bousculaient dans sa tête sans qu'il parvienne à y mettre de l'ordre. Pourquoi Liliane sa secrétaire, était-elle chez Sonia, sa maîtresse ? Comment avait-elle trouvé cette adresse ? Que venait-elle y faire ? Avait-elle déjà prévenu la police ? Elle sortait de la chambre, donc avait certainement vu le cadavre de Sonia.

En homme habitué à être confronté aux situations les plus difficiles, il réfléchit à toute vitesse. Il valait mieux jouer la surprise – d'ailleurs sincère – et la faire parler.

— Liliane... qu'est-ce que vous faites ici ? lui demanda-t-il finalement en adoptant un regard plus doux.

Apparemment, la jeune femme n'était pas plus rassurée que lui. Elle en tremblait d'émotion.

— Je... je vous cherchais, monsieur...

Sacha reprenait déjà ses esprits. Plus il y réfléchissait, plus il se disait que cette rencontre n'était peut-être pas si mauvaise pour lui.

— Vous me cherchiez… Il y a un problème ?

— Oui, monsieur… les Allemands ont téléphoné pour le contrat de l'hôtel qu'ils veulent construire près du château. Ils voudraient vous voir d'urgence…

Elle mentait tellement mal que Sacha eut pitié d'elle, mais il fallait qu'il la mette dans son jeu. Il avait repéré depuis longtemps la façon dont elle le regardait, dont elle s'habillait sexy et dont elle cherchait à le frôler des hanches quand elle lui apportait le courrier. Elle était amoureuse de lui, cela ne faisait aucun doute

— C'est gentil à vous d'être venue me prévenir jusqu'ici, lui dit-il en s'installant dans le canapé. Sonia est dans sa chambre ?

Il vit le visage de Liliane se troubler. Elle cherchait la bonne réponse, sans doute pour le ménager puisqu'il n'était pas censé savoir que sa maîtresse était morte.

— Oui, monsieur. Elle est… elle est sur son lit, mais…

— Sonia, je suis là ! cria-t-il en direction de la chambre.

Il se leva du canapé et se dirigea vers la porte de la chambre, mais Liliane vint se placer en travers de son chemin.

— Non, monsieur, non… n'y allez pas !

Et brusquement, elle éclata en sanglots.

— Elle est… elle est morte !

CHAPITRE XI

— Les visites sont interdites après vingt heures ! aboya la cerbère de garde en réponse à la question de Gribovitch.

Il venait d'arriver de Paris au volant de la Renault 21, pied au plancher, toutes sirènes au vent. Il avait mis un bon quart d'heure pour trouver l'hôpital dans le dédale des petites ruelles de Fontainebleau. Tout cela pour s'entendre dire par une matrone en corsage à fleurs aimable comme gorille qu'il n'avait pas le droit de voir Sophie ! Un comble !

— Je ne vous demande pas si c'est autorisé, je vous demande dans quelle chambre elle est, lui répondit-il sur le même ton en se penchant au-dessus du comptoir qui les séparait.

Il lui avait pourtant présenté sa carte tricolore, à cette bonne femme ! « Sans doute une gauchiste qui détestait les flics et n'avait pas supporté de ne pas prendre le pouvoir en mai 68 », se dit-il plein de mauvaise foi.

— A quoi ça sert que je vous donne le numéro de sa chambre si vous n'avez pas le droit d'y aller ?

Et en plus, elle raisonnait ! Gribovitch sentit les

dernières parcelles de patience dont il disposait encore, s'égailler dans l'atmosphère hospitalière.

— Ça va servir à vous éviter de gros ennuis, lui répondit-il en se penchant davantage encore au-dessus du comptoir pour lui parler dans le nez. Parce qu'on est tous les deux sur une enquête de meurtre sur la femme d'un député, de *votre* député, et que si je ne peux pas la voir tout de suite, je vous fous un rapport au cul pour entrave à l'exercice de la justice. Vous vous démerderez avec le juge d'instruction.

— La femme du député Versant... c'est vous qui vous en occupez ?

Le ton s'était radouci. Était-ce la menace ou le nom du député qui avait agi ? Gribovitch n'avait pas le temps de se poser la question. Il fallait qu'il voie Sophie.

— Oui, c'est nous ! Alors, quelle chambre ?

— 508... cinquième étage... ascenseur de gauche, murmura le cerbère, manifestement à regret.

— Eh bien, voilà, vous voyez que vous pouvez être délicieusement coopérative quand vous le voulez !

Il s'éloigna vers le fond du couloir en direction des ascenseurs. Arrivé au cinquième étage, une infirmière plutôt jolie dans sa blouse blanche immaculée lui indiqua la chambre 508.

Sophie tourna la tête quand il entra. Engoncée dans un plâtre qui lui enserrait toute la poitrine, elle ne pouvait guère tourner que cette partie-là de son corps.

— Je n'ai pas de fleurs. A cette heure-ci, tout est

fermé, mais le cœur y est ! lui dit-il en l'embrassant sur le front.

— C'est gentil d'être venu si vite, lui répondit-elle avec un pâle sourire.

— Je n'allais quand même pas te laisser t'en aller sans un dernier adieu. Je croyais d'ailleurs trouver le patron à ton chevet. C'est lui qui m'a prévenu. Il a dû se perdre en route. Trêve de plaisanterie, tu souffres ?

— Ça va... Ils m'ont mis sous analgésique.

— Qu'est-ce qui s'est passé ?

— Une connerie de ma part. J'étais dans mes pensées. Je n'ai pas vu un camion arriver sur ma gauche dans un rond-point.

— Graves, les blessures ?

— Trois côtes cassées et quelques hématomes. Je m'en suis bien sortie. Beaucoup de chance, d'après les pompiers qui sont venus me ramasser.

— La voiture ?

— Bonne pour l'épave.

— Et... on peut savoir ce que tu étais venue faire à Fontainebleau ?

— Revoir Versant. Je voulais lui annoncer qu'on avait arrêté le coupable.

— Tu pouvais téléphoner...

— Je voulais aussi me faire une idée plus précise du personnage.

Gribovitch acquiesça, faisant semblant de la croire. En réalité, il avait remarqué depuis le début qu'elle défendait le député avec beaucoup d'acharnement. Elle devait donc avoir un faible pour lui.

Après tout, elle avait bien le droit de tomber amoureuse, elle aussi…

— Et alors ? demanda-t-il innocemment.

— Un séducteur, bel homme et beau parleur. Mais pour sa femme, je pense qu'il est sincère. Il a pleuré devant moi.

Elle n'avait donc pas changé d'avis. A quoi bon insister ? Son accident allait l'obliger à lâcher l'enquête. Il aurait donc les mains libres pour la poursuivre à sa manière. L'avenir dirait qui avait raison et qui s'était trompé dans cette affaire.

— Tu en as pour combien de temps ici ? lui demanda-t-il pour changer de conversation.

— Une huitaine de jours si tout va bien. Tu arriveras à te débrouiller sans moi ?

— Ce ne sera pas facile, mais j'essaierai de m'en sortir…

L'arrivée du commissaire Griffon interrompit leur tête-à-tête. Il tenait une boîte de chocolats à la main, mais semblait furieux.

— Quelle conne ! Mais quelle conne !

— De qui parlez-vous, patron ?

— La conne qui tient la réception ! Elle ne voulait pas me laisser monter !

— Une femme bien en chair avec d'agréables rondeurs partout ? demanda Gribovitch, faux-jeton.

— Chacun ses goûts, mais c'est à peu près ça.

— C'est curieux, dit Gribovitch, elle a été adorable avec moi. Elle a même été très serviable. Vous auriez dû lui faire du charme, patron. Moi, je n'hésite jamais à en faire et ça marche à tous les coups !

*
* *

Le commissaire Ledru allait se mettre à table. Julienne, sa femme lui avait préparé un de ses plats préférés, les « pieds-paquets » à la provençale, bien relevés comme il les aimait. Le parfum de thym, de laurier et d'estragon avait déjà envahi tout l'appartement.

Le téléphone l'interrompit alors qu'il passait sa serviette à carreaux rouges et blancs dans l'échancrure de sa chemise.

— Je n'y suis pour personne ! cria-t-il à sa femme qui allait certainement décrocher dans la cuisine.

Il plongea la grande cuillère dans la cocotte et se servit une solide portion de pieds-paquets. Il s'apprêtait à avaler sa première bouchée quand Julienne apparut et s'assit près de lui, le visage bouleversé. Le commissaire en oublia de porter sa fourchette à sa bouche.

— Qu'est-ce qui se passe ? lui demanda-t-il d'une voix inquiète.

— La petite Sonia... elle a été assassinée !

— Sonia ? Quelle Sonia ?

— Sonia Michaud, la fille de ton copain François.

— Assassinée... ? Où ? Par qui ?

— Chez elle. C'était Trimard au téléphone. Il dit que ce n'est pas beau à voir. Il voudrait que tu le rejoignes sur place.

Elle n'osa pas ajouter que « par qui », c'était précisément à lui d'y répondre.

Le commissaire posa sa fourchette et enleva sa serviette d'un geste lent. Ce n'était pas encore ce soir qu'il mangerait ses pieds-paquets tranquillement.

— Vivement la retraite ! murmura-t-il pour lui-même en remettant sa cravate.

*

* *

Le commissaire Griffon était déjà à son bureau quand Gribovitch y arriva. Sans doute avait-il pris un itinéraire plus court pour rentrer de Fontainebleau après sa visite à Sophie. A moins qu'il n'ait roulé plus vite avec sa Laguna dernier modèle.

— Alors... ? lui demanda-t-il après l'avoir laissé allumer sa Gitane blonde.

— Alors, rien de nouveau. Sophie reste persuadée que le député n'est pour rien dans la mort de sa femme, du moins directement. Pour ma part, je continue de penser que ce n'est pas le musicien. A mon avis, quelqu'un a tué Louana Versant et a déposé le corps chez lui, et la version qu'il nous donne est la bonne. D'ailleurs, la juge d'instruction n'est pas loin de penser comme moi.

— Ne me racontes pas qu'elle te l'a dit !

— Pas directement, mais elle y a fait des allusions.

— Ce n'est pas dans ses habitudes..., fit observer Griffon, pensif.

— C'est aussi ce que je me suis dit. Ça prouve

bien que le dossier lui paraît vide. La version de Spartacus est tellement invraisemblable qu'elle pourrait bien être vraie. Malheureusement, nous n'avons rien pour la confirmer.

— Il est tard, dit Griffon en se levant. On y verra peut-être plus clair demain matin. La nuit porte conseil.

Il se dirigeait vers la porte quand la sonnerie du téléphone le fit hésiter. Fallait-il répondre ? Il échangea un regard avec Gribovitch et comprit : s'il ne décrochait pas, son inspecteur favori allait le faire.

— Allô ? grommela-t-il.

— Commissaire Griffon… ?

— Lui-même…

— Commissaire Ledru, de Fontainebleau…

— Je vois, oui. Que puis-je faire pour vous, mon cher collègue ?

— On a une tuile, commissaire. Vous savez, la petite Sonia Michaud dont je vous ai parlé, la fille qui nous avait donné le tuyau pour la femme du député Versant qu'on a retrouvée dans la forêt…

— Qu'est-ce qui lui arrive ?

Griffon appuya sur le bouton du haut-parleur en jetant un regard à Gribovitch, qui tendit l'oreille, devinant l'annonce d'une catastrophe.

— Il ne lui arrivera plus rien commissaire. Elle est morte !

— Morte…, répéta Griffon. Morte comment ?

— Assassinée par un sadique. Il l'a vraisemblablement frappée à coups de fouet pour la tuer. C'est pas beau à voir !

— Vous croyez que ça a un rapport avec notre affaire ?

— Je ne crois pas, non, mais comme vous m'avez dit de vous tenir au courant de tout ce qui pouvait avoir un rapport de près ou de loin avec elle, je vous informe.

— Vous avez bien fait, commissaire. Je vous envoie quand même l'inspecteur Gribovitch à tout hasard. On ne sait jamais…

Ledru ne répondit pas immédiatement. Il devait peser le pour et le contre. Encore une grosse affaire qui allait lui échapper.

— Comme vous voudrez…, murmura-t-il avec fatalité.

— Naturellement, il ne sera là que comme observateur… ajouta Griffon pour caresser son « cher collègue » dans le sens du poil. Vous garderez vos prérogatives locales.

L'autre devait se souvenir de la façon dont Gribovitch l'avait roulé avec les journalistes lors de la perquisition chez Spartacus, car son acquiescement suivant ne fut pas plus enthousiaste.

— Si vous le dites…, se contenta-t-il d'ajouter avant de raccrocher.

— Si j'ai bien compris, je me refais les quatre-vingts bornes jusqu'à Fontainebleau ? grogna Gribovitch, visiblement accablé

— Il n'y en a que soixante-dix… tu exagères toujours ! objecta Griffon. Et puis à cette heure-ci, ça roule sans problème. Tu seras là-bas en moins d'une heure !

— Ben voyons…, murmura Alex entre ses dents en sortant ses clefs de voiture et en se dirigeant vers la porte.

CHAPITRE XII

Allongé sur son bat-flanc, le nez contre le mur gris de sa cellule. Gilles Spartacus fixait, sans les voir, les graffitis obscènes qu'un détenu précédent y avait gravés. Il avait passé une mauvaise nuit, mais quoi de plus normal ? Sa situation n'était guère brillante. En plus, il n'avait pas l'habitude de dormir la nuit : en temps normal, c'était le moment où il travaillait.

Du Palais de justice, on l'avait emmené directement à la prison de la Santé. Il avait espéré être ramené à Fontainebleau, où au moins ses amis de l'orchestre auraient pu venir le voir, mais la juge lui avait expliqué que c'était elle qui décidait et que la Santé serait plus pratique pour « une bonne administration de la justice ».

Il avait déjà purgé une peine de quatre mois de prison deux ans auparavant pour une petite histoire de trafic de haschisch et connaissait les habitudes de la maison. Il avait même retrouvé quelques gardiens déjà en place à cette époque-là. Eux ne se souvenaient pas de lui, ils voyaient passer tellement de monde, mais lui se souvenait parfaitement d'eux ! Décidément, le temps semblait immobile en prison.

Mais cette fois, par rapport à ses premiers démêlés avec la justice, c'était du sérieux. Une affaire de meurtre ! Et pas du meurtre de n'importe qui : l'épouse d'un député !

Comment allait-il s'en sortir ? Il se rendait bien compte de l'invraisemblance de sa version, mais puisque c'était la vérité, que pouvait-il raconter d'autre ?

En revanche, il n'aurait pas dû mentir au départ ! Il aurait dû appeler les flics dès qu'il avait trouvé le corps de Louana, au lieu de paniquer et de se conduire aussi bêtement !

On lui avait souvent dit que la police française était l'une des meilleures du monde. Il ne l'avait jamais cru et il avait eu raison. La preuve, ils étaient en train de commettre une grave erreur judiciaire dont il était la victime. Mais il n'allait pas se laisser faire ! Il allait...

— ... cus, tu m'entends ?

Il sursauta soudain en se retournant. Tout à ses sombres pensées, il n'avait même pas entendu le gardien ouvrir la porte et l'appeler.

— Parloi' pour toi ! aboya « monsieur José »

C'était un Antillais aussi, mais Guadeloupéen alors que lui était Martiniquais. Au nom de la vieille rivalité teintée de mépris mutuel entre les habitants de « Karukéra » et ceux de « Madinina », les deux îles des Caraïbes, l'autre ne lui faisait pas de cadeau. Bien plus redoutable que l'un de ces *« z'oreilles »* qui n'entraient pas dans leurs querelles de préséance inter-insulaires.

— Pour moi ? répéta Spartacus, qui n'attendait aucune visite.

— Spa'tacus, c'est bien toi, non ?

— C'est moi, oui répondit-il en descendant de sa couchette.

— C'est ton avocat ! précisa monsieur José.

Il suivit le gardien le long des couloirs sombres de la prison et finit par déboucher dans la salle réservée aux entretiens entre les détenus et leurs avocats.

Un femme l'y attendait et Spartacus s'arrêta près de la porte, se demandant s'il ne s'agissait pas d'une erreur. Grande et blonde avec de beaux yeux bleus, vêtue d'un tailleur bleu marine qui lui moulait le corps, elle avait plus du mannequin d'une maison de haute couture que de l'avocat d'assises. Il faudrait vraiment l'horrible robe noire inhérente à sa fonction pour la rendre laide !

— Maître Garofalo, du barreau de Paris, se présenta-t-elle en se levant. Je suis votre avocat commis d'office.

— C'est une gamine, mais qu'est-ce qu'elle est belle ! se dit Spartacus en s'asseyant en face d'elle. Qu'est-ce qu'elle fout dans ce métier ?

— Monsieur Spartacus, poursuivait la jeune femme en ouvrant la chemise cartonnée posée devant elle, j'ai étudié votre dossier. Vous n'ignorez pas que votre système de défense est des plus fragiles. Votre version ne tiendra pas devant une cour d'assises. Personne ne vous croira. Il faut donc que vous me disiez la vérité, à moi. Pourquoi avez-vous tué Louana Versant ?

Et voilà ! Ça recommençait ! Personne ne le croyait, pas même son avocat.

— Je ne l'ai pas tuée, mademoiselle. Ma version, comme vous dites, c'est la vérité. Je l'ai trouvée morte chez moi. Ensuite, j'ai fait une connerie, d'accord, mais je ne l'ai pas tuée !

Maître Garofalo ne répondit pas immédiatement, le fixant de ses grands yeux bleus, sourcils froncés, comme s'il venait de proférer une insanité.

— Vous vous rendez compte que vous vous enfoncez encore davantage en adoptant cette ligne de conduite, lui reprocha-t-elle de sa jolie bouche bien maquillée. Rien ne peut nous permettre de prouver ce que vous dites.

— Je sais, mademoiselle, mais je n'y peux rien. Je ne peux pas inventer ce qui ne s'est pas passé. D'ailleurs, pourquoi j'aurais tué Louana ? On s'entendait bien, tous les deux. Avec moi, elle s'éclatait. C'était pas comme avec son mari ! Je l'aimais, moi, cette femme ! A ma manière, bien sûr. Je lui avais même rapporté des fleurs de Martinique la semaine d'avant. Même qu'elle les a repiquées dans la serre de son mari. C'est pas une preuve, ça ?

— Ne mêlez pas le député Versant à cette histoire.

— C'est pourtant lui qui l'a tuée, murmura Spartacus, presque à regret.

— Vous en avez des preuves ?

Toujours le même refrain. Le flic lui avait posé la même question, et la juge d'instruction aussi.

— Non… bien sûr que non. Mais je le sais.

— Ce ne sera pas suffisant pour convaincre un jury, objecta maître Garofalo.

— Ça aussi, je le sais, mais qu'est-ce que je peux y faire ? Ce type a tué sa femme. Ensuite, il l'a portée chez moi pour me faire accuser. Il m'en voulait parce qu'elle baisait avec moi. Mais, bien sûr, tout ça, je ne peux pas le prouver.

— Et vous avez l'intention d'en rester à cette version ?

— Quelle autre version voulez-vous que je donne ? C'est la vérité, ce que je vous dis là !

Maître Garofalo hocha la tête et referma son dossier. Manifestement, elle n'était pas convaincue. Comment ne pas la comprendre ? Cette histoire était tellement invraisemblable.

— Si vous ne changez pas de système, nous allons avoir du mal à éviter la réclusion à perpétuité, dit-elle en se levant.

Spartacus l'imita, un peu déçu.

— C'est déjà fini ?

L'entretien ne l'avait pas passionné, mais il savait que son sort était en jeu pour les vingt ou trente prochaines années.

En plus, la vue de cette splendide créature allait déjà lui manquer.

— Pour aujourd'hui, oui. Je reviendrai vous voir, mais il faut que je réfléchisse à la façon dont je vais pouvoir vous défendre si vous persistez dans cette attitude négative.

— Mademoiselle, je vous comprends, lui dit-il

alors qu'elle se dirigeait déjà vers la sortie. Mais il faut me croire : c'est la vérité !

Il avait martelé les derniers mots avec une telle conviction que l'avocate s'arrêta et le fixa longuement une nouvelle fois.

— Je vais y réfléchir ! lui dit-elle enfin avant de sortir.

Dès qu'elle eût disparu dans le couloir, il eut l'impression que la pièce était vide, malgré la présence du gardien qui lui remettait les menottes. Le parfum subtil de maître Garofalo flottait encore dans la petite salle, couvrant même l'odeur acide du grésil dans laquelle elle baignait habituellement. Spartacus dut se forcer pour se souvenir que là n'était pas l'important, que de toute façon, ce n'était pas une femme pour lui, et que l'essentiel, c'était qu'elle le défende correctement.

Mais visiblement, elle n'en prenait pas le chemin. Elle non plus ne croyait pas sa version des faits. Dans ces conditions, comment pourrait-elle convaincre un jury de son innocence ?

*

* *

Gribovitch lança le bras hors du drap et frappa un grand coup sur le réveil dont la sonnerie s'obstinait à lui transpercer les tympans.

Il était rentré à quatre heures du matin de son périple à Fontainebleau, l'estomac retourné par ce qu'il avait vu. Sans doute échaudé par son précédent entretien avec Griffon, le commissaire Ledru avait tout laissé en état jusqu'à ce qu'il arrive.

A première vue, la pauvre fille avait été tuée à coups de fouet par un sadique. Quel fou pouvait avoir fait ça ? Cette mort avait-elle un rapport avec celle de Louana Versant ? La nouvelle victime, Sonia Michaud, était le témoin-surprise de la dissimulation du cadavre de la femme du député et on l'avait peut-être tuée pour qu'elle ne puisse pas en dire plus. Mais alors, pourquoi cette méchanceté ? Pourquoi ne pas l'avoir simplement supprimée d'une balle de revolver, en l'étranglant ou d'une toute autre manière plus discrète ? Il s'agissait peut-être d'une mise en scène ? L'autopsie en dirait davantage.

Pour se remettre de ses émotions, il s'était juré de dormir jusqu'à midi. Pourquoi ce réveil se mettait-il à sonner alors qu'il venait à peine de se coucher ?

Surprise : malgré les coups, le réveil continuait de sonner. Il réalisa alors que c'était la sonnerie du téléphone. Il avait dû oublier de brancher son répondeur la veille au soir...

Il tâtonna donc à nouveau en direction de la table de nuit et finit par sentir sous ses doigts le contact du combiné de fausse bakélite.

— Oui..., grogna-t-il dans l'appareil en l'approchant de sa bouche.

— Je te réveille ? s'inquiéta une voix.

Elle lui rappelait vaguement quelqu'un, mais il ne chercha même pas à identifier. Un effort trop pénible.

Il réussit à atteindre sa montre. Elle indiquait neuf

heures vingt. Quel imbécile pouvait bien le réveiller à une heure aussi peu chrétienne ?

— Pas du tout, je suis en pleine forme ! murmura-t-il en parlant lentement et d'une voix pâteuse. Qui c'est ?

— Griffon. Tu sais, le commissaire Griffon, des Affaires Spéciales de la police nationale, à Paris, France... ton patron quoi. Tu veux me rappeler dans la soirée quand tu seras sorti du lit ou tu es en état de m'écouter ?

— Qu'est-ce qui se passe, patron ?

— Rien de spécial. Je voulais savoir pour hier soir à Fontainebleau. Tu as appris du nouveau ?

— La fille a été tuée à coups de fouet, probablement par un sadique. Elle était attachée sur son lit avec des menottes. Apparemment, elle faisait un peu la pute dans ce créneau d'activité. Il ne faut donc pas s'étonner de ce qui lui est arrivé.

— Pas de rapport avec notre affaire alors ?

— Peut-être, mais pas sûr. Ledru s'est affolé après le savon que vous lui aviez passé. Il faudra quand même attendre l'autopsie, on ne sait jamais.

— Très bien, Gribo. Excuse-moi de t'avoir réveillé, j'étais pressé de savoir.

— Arrêtez, patron. Je n'en crois pas un mot. Qu'avez-vous appris de votre côté ?

Un silence sur la ligne lui montra qu'il avait tapé juste. Griffon savait qu'il était rentré tard et ne l'aurait pas réveillé s'il n'avait pas eu de bonnes raisons de le faire. Bonnes à ses yeux du moins...

— On a reçu le rapport du labo sur la mort de

Louana Versant. J'ai pensé que ça pourrait t'intéresser, répondit-il enfin.

— Ça m'intéresse, bien sûr, mais ça ne pouvait pas attendre midi ? Je suis rentré à quatre heures du matin de l'expédition à Fontainebleau. Je suis un homme, patron, pas un robot. J'ai besoin de dormir de temps en temps !

— Excuse-moi, Gribo... Je sais que tu prends cette affaire à cœur alors je me suis dit que tu serais content de savoir que le rapport était là... Il contient peut-être des renseignements intéressants. Mais bien sûr, ça peut attendre...

— Il y a du nouveau, dans ce rapport ?

— Non... rien de spécial. Une histoire de mouche tropicale qui se serait déposée sur le cadavre. Tu connais Dallant : le moindre microbe l'amène à des conclusions incroyables. Je ne pense pas que ce soit très important. Rendors-toi, conclut-il en raccrochant.

— Le salaud ! se dit Gribovitch en se levant. Il sait très bien que je vais rappliquer en vitesse. C'est pour ça qu'il m'a réveillé !

À moitié endormi, il tituba jusqu'à la salle de bains et se plaça sous le jet de la douche.

*

* *

Le député Raoul Versant avait mal dormi. Bien que Louana soit morte, il avait refusé une fois de plus qu'Amalia couche dans son lit. C'était une habitude à ne pas prendre. Chacun devait rester à la place que sa condition sociale lui attribuait et les amours ancillaires ne devaient pas déboucher sur une familiarité de tous les instants, et surtout pas sur un statut de maîtresse de maison.

Il prenait son petit déjeuner de céréales dans la cuisine quand le carillon de la sonnette d'entrée le fit lever la tête. Il consulta sa montre... neuf heures et demie... Amalia irait certainement ouvrir...

— C'est moi !

Il reconnut la voix de Sacha Oulianov et le vit approcher, les cheveux en bataille et le costume fripé. Ce qui n'était pas dans ses habitudes, et cette négligence ne lui disait rien de bon. Pourquoi Sacha semblait-il tellement préoccupé ?

— Tu as lu le journal ? lui demanda Oulianov en s'asseyant.

— Pas encore... j'ai juste entendu les infos à la radio...

— Lis alors ! lui dit-il en lui posant *Le Parisien* sur la table.

Il pensa confusément que chaque fois qu'il voyait Sacha, celui-ci lui mettait un journal sous le nez, mais se garda bien d'en faire la remarque à haute voix. L'heure ne paraissait pas être à l'ironie...

Il déplia donc le rouleau de papier et la manchette lui sauta au visage.

MEURTRE SADIQUE
EN PLEIN CENTRE VILLE

titrait le quotidien sur six colonnes dans la page de Fontainebleau.

Versant parcourut rapidement l'article pendant qu'Amalia servait un café à Sacha. On y parlait de la mort de Sonia Michaud, présentée comme une petite prostituée fréquentant les milieux sado-maso. Apparemment tuée par l'un de ses clients.

D'un signe de tête, il fit comprendre à Amalia qu'elle devait sortir, puis s'adressa à son vieux complice dès qu'elle se fût éclipsée.

— On est concernés ? lui demanda-t-il en lui rendant le journal.

— C'est bien ce que tu voulais ? répondit Sacha en buvant lentement son café.

— Je ne t'ai rien demandé !

— Rien directement, comme d'habitude. Mais cette fois, tu n'es pas devant un journaliste qui te pose des questions sur la politique générale de la France vis-à-vis de la Papouasie ou des îles Tonga, Raoul. Nous sommes tous les deux mouillés dans cette affaire, alors ne cherche pas à te défausser en jouant les innocents. Si tu avais mieux surveillé ta femme, et si tu n'avais pas été aussi négligent, tout ça ne serait pas arrivé.

— Je n'ai rien laissé traîner. Elle est entrée au mauvais moment là il ne le fallait pas, c'est tout, protesta Versant.

— Peu importe, riposta Sacha. J'ai tué Sonia parce que tu m'as fait comprendre qu'il fallait s'en débarrasser, et j'ai maquillé la scène en crime de sadique pour brouiller les pistes. Alors ne cherche pas à te défiler !

Versant continuait volontairement de manger ses

céréales au même rythme, mais réfléchissait rapidement. Il savait que Sacha n'avait pas complètement tort, mais ne fallait surtout pas qu'il se sente protégé dans cette affaire.

— Et naturellement, tu as une preuve de ce que tu avances ? glissa-t-il d'une voix douce entre deux cuillerées.

L'autre ouvrit de grands yeux étonnés.

— Raoul... enfin... tout a toujours bien marché entre nous ! On ne va pas se fâcher maintenant pour si peu !

— Ce que tu appelles « si peu », dois-je te le rappeler, ce sont deux meurtres de femmes, mon cher Sacha. Mon épouse et ta maîtresse. Et les jérémiades sur ce qui s'est passé avant ne sont que regrets stériles. C'est l'avenir qu'il faut regarder. Les flics sont déjà venus m'interroger. Pour Sonia, ils vont remonter jusqu'à toi. Surtout que c'est ta secrétaire qui a découvert le corps, si j'ai bien lu l'article.

— Elle ne dira rien sur mes relations avec Sonia

— On va lui demander ce qu'elle faisait là... si elle connaissait cette Sonia et à quel titre. Pourquoi ne dirait-elle pas la vérité ?

— Disons que... je l'en ai convaincue...

Après que Liliane lui ait annoncé la mort de Sonia, il avait joué la surprise et avait fait semblant de s'affoler. Puis, il l'avait convaincue de ne pas raconter qu'il était l'amant de la victime. Ceci moyennant une jolie prime. Ensuite, il avait joué l'homme catastrophé et elle l'avait pris dans ses bras, maternellement, pour le consoler, et l'avait embrassé.

Il s'était laissé aller et l'avait finalement baisée comme un sauvage sur le canapé du salon. Il n'avait même pas eu besoin de la caresser, elle avait déjà la culotte mouillée. Il savait qu'elle n'attendait que cela depuis de nombreuses années et n'en avait pas été surpris.

— Et comment l'en as-tu convaincue ? demanda Versant.

— Peu importe. Elle ne dira rien, je le sais, affirma Sacha.

— Je n'ai pas confiance. Nous avons déjà fait trop de conneries dans cette affaire.

— Tu ne veux quand même pas que je tue Liliane aussi !

— Non, mais il faut donc cesser de nous voir pendant quelque temps. C'est trop dangereux.

— Je connais Ledru, insista Sacha. Il va conclure au crime de sadique, comme le dit la presse, et ne cherchera pas plus loin. Il est trop près de la retraite pour se compliquer la vie maintenant. En plus, avec les services que je lui ai rendus, il ne bougera pas le petit doigt si je le lui demande.

— Je vais te donner un détail qui va peut-être t'intéresser, Sacha. Ce n'est pas Ledru qui s'occupe de la mort de Louana, c'est le bureau des Affaires Spéciales, à Paris. Ils sont déjà venus me voir.

— Le bureau des Affaires Spéciales… ? Mais… pourquoi ?

— Réfléchis un peu. Quand je suis allé déclarer la

disparition de Louana, il fallait que j'aie l'air de rechercher la discrétion puisque j'étais cocu. Je ne pouvais donc pas m'adresser à Ledru, qui aurait convoqué une conférence de presse dans le quart d'heure suivant. Tu connais son goût pour les caméras et les micros. Je suis donc allé aux Affaires Spéciales et ce sont eux qui ont pris l'affaire en main.

— Merde alors, jura Sacha, surpris de ce qu'il apprenait.

— J'ai déjà neutralisé leur inspectrice en lui jouant la scène du grand charme et ils ont mis en taule ce petit con de Spartacus, mais il ne faudrait pas qu'ils trouvent une raison de relancer l'enquête dans ma direction. C'est pourquoi je préfère que tu assumes seul tes conneries et qu'on ne se voie plus pendant quelque temps. Si ce n'est, bien sûr, de façon officielle pour les affaires que nous avons en cours, mais uniquement sur le plan professionnel.

Il avala une dernière bouchée de céréales et reposa sa cuiller. Sacha restait silencieux, semblant digérer le petit discours qu'il venait d'entendre. Il but une gorgée de café, puis reposa sa tasse, perplexe.

— Si je comprends bien, tu me lâches ! dit-il enfin.

— Sacha, enfin, tout de suite les grands mots ! s'offusqua Versant. Je te dis seulement qu'il ne faut pas donner aux flics une raison de relier les deux affaires. C'est simple et évident.

— Tu as peut-être raison, admit Sacha en s'essuyant la bouche.

Il se leva et en se dirigea vers la porte.

— Je vais me débrouiller pour qu'il en soit ainsi, dit-il en s'apprêtant à sortir.

— Très bien ! se réjouit le député. Tu vois que tu en arrives à comprendre mon raisonnement.

— Tu sais bien que j'ai toujours écouté tes conseils avec beaucoup d'attention, répondit Sacha avec un sourire.

Il ouvrit la porte et sortit sans se retourner. Versant le regarda partir avec soulagement, mais il n'arrivait pas à être complètement rasséréné.

Certes, Oulianov avait semblé entrer dans son jeu. Pourtant, quelque chose lui disait qu'il n'avait pas réussi à le convaincre complètement au point de le rendre inoffensif.

Un détail le rassurait cependant : leurs intérêts étaient tellement entremêlés et depuis si longtemps que s'il plongeait, son vieil ami le suivrait de peu. Et Sacha le savait.

CHAPITRE XIII

Maître Mireille Garofalo sortit de la prison de la Santé avec l'étrange sentiment de ne plus très bien savoir ce qu'elle devait penser. Elle remonta le boulevard Arago à pied en direction de la place Denfert-Rochereau, où elle avait garé sa voiture, en réfléchissant à la nouvelle situation qui se présentait à elle.

Elle était encore stagiaire dans un grand cabinet d'avocats, celui de maître Lesage, et avait choisi de s'y consacrer aux affaires pénales, alors que ses confrères et consœurs s'intéressaient surtout aux procès civils et au droit des sociétés, beaucoup plus lucratifs. Mais « le pénal » l'intéressait, car il lui semblait plus proche de la triste réalité humaine.

L'affaire Spartacus lui avait échu un peu par hasard. Le cabinet avait été désigné par le bâtonnier pour la traiter au titre de l'aide judiciaire et c'est elle qui, tout naturellement avait hérité du dossier.

— Une affaire pourrie, lui avait dit maître Lesage en la lui confiant. On va droit au massacre ! Un petit musicien antillais qui a assassiné la femme d'un député qui était sa maîtresse. En plus, il adopte un système de défense aberrant, paraît-il ! Je n'ai pas le temps de m'en occuper, mais voyez ce que vous pouvez faire.

Elle avait donc consulté les documents et s'était rendu compte que son patron avait raison : Gilles Spartacus allait écoper du maximum s'il persistait dans sa version des faits.

— Y a-t-il d'autres suspects possibles ? lui avait demandé maître Lesage après qu'elle ait étudié le dossier pour le lui résumer.

— Oui, maître. Le mari de la victime…

— Vous n'y pensez pas ! Savez-vous au moins qui c'est ?

— Raoul Versant, député de la quatrième circonscription de Seine-et-Marne.

Le patron l'avait alors regardé avec une certaine commisération.

— Le député Versant, vous savez bien qu'il est de la majorité.

— Bien sûr, maître. Mais son appartenance politique ne semble pas avoir d'influence sur les circonstances de la mort de sa femme.

— C'est ce qu'on croit ! s'était écrié maître Lesage Mais vous vous rendez néanmoins compte que notre cabinet subirait d'énormes pressions si nous tentions de faire accuser un député à la place de ce… comment s'appelle-t-il déjà ?

— Spartacus, maître, Gilles Spartacus…

— C'est cela… Spartacus. Écoutez, mon petit, faites de votre mieux pour défendre ce Spartacus, mais ne prenez pas d'initiative sans m'en parler, n'est-ce pas !

En clair : n'allez pas mouiller un député dans cette affaire sans être sûre de l'endroit où vous mettez les pieds.

Elle avait essayé de faire comprendre à Spartacus la situation délicate dans laquelle il se trouvait en venant le voir à la prison, mais rien n'y avait fait. L'autre s'était accroché à sa version avec ferveur. Mieux même, il avait semé le doute dans son esprit tant il lui avait paru sincère et convaincu.

— Enfin, ma petite Mireille, vous n'y croyez quand même pas ! s'exclama maître Lesage quand elle lui expliqua ce qui s'était passé, une fois rentrée au bureau. Ce type est manifestement coupable.

— Je me le demande, maître, lui répondit-elle, sceptique. Il a l'air tellement sincère !

— Ils ont *tous* l'air sincères, ma pauvre petite ! répéta Lesage en lui tapotant l'épaule dans un geste condescendant. Vous verrez, quand vous aurez mon expérience. Tous ces vieux chevaux de retour vous feraient croire qu'ils sont blancs comme neige alors qu'ils ont été pris la main dans le sac.

C'était toujours le même refrain. L'expérience ! Bien sûr qu'elle n'en avait pas. Mais elle avait l'intuition, et cette intuition lui disait que Spartacus disait vrai.

— Ce n'est pas un cheval de retour, maître. Il a vingt-quatre ans !

— Mais déjà une condamnation pour trafic de drogue, m'avez-vous dit. Il est sur la pente glissante qui mène droit à la délinquance chronique.

— Vous permettez quand même que je demande

une audience au juge d'instruction, maître ? J'aimerais savoir ce qu'elle en pense.

— Bien sûr, mon petit. Faites comme vous l'entendez. Mais tenez- moi au courant. Les assises, c'est sérieux et je ne voudrais pas que nous soyons ridicules dans cette affaire. Il y va de la réputation de notre étude…

« … et du sort d'un ami politique… », pensa Mireille sans oser l'exprimer à haute voix.

Elle savait maître Lesage sympathisant de la majorité. Il ne tenait donc pas à voir un nouveau député de son parti mouillé dans une affaire de meurtre.

— Bien sûr, maître, s'entendit-elle répondre à haute voix.

Elle sortit du bureau pendant que maître Lesage plongeait à nouveau dans ses dossiers d'affaires financières juteuses. Elle ne l'aimait pas beaucoup, mais il avait deux gros avantages : c'était un excellent avocat, et comme il était homosexuel jusqu'au bout des orteils, il ne la harcelait pas pour obtenir une soirée avec elle et une nuit dans son lit comme le faisaient la plupart de ses confrères !

*

* *

Tout en grillant une Gitane blonde, Gribovitch lisait et relisait le rapport technique de Roger Dallant sur la mort de Louana Versant sans parvenir à y voir clair.

Quelque peu surpris, il y avait fait la connaissance d'une mouche appelée *cochlyimya macelaria* qui avait pondu sur le cadavre de la jeune femme, mais il avait beau y réfléchir, il ne voyait pas en quoi cet innocent et exotique diptère pouvait lui être d'une quelconque utilité pour résoudre son problème. Pourtant, Dallant avait joint au dossier une photocopie des pages du traité d'entomologie qui en parlait et même un mot manuscrit sur un post-it jaune : *« La mouche doit pouvoir t'aider ! »* C'est donc qu'il avait une idée derrière la tête ! Il avait même souligné au marqueur jaune un paragraphe du livre.

« La cochlyimya macelaria a une durée de vie d'une semaine environ dans un climat chaud et humide. Sortie de ce contexte climatique, son espérance de vie n'excède pas vingt-quatre heures »

Vingt-quatre heures... Dallant avait certainement voulu attirer son attention sur une question de date et de délais.

Il reprit la pile des procès-verbaux d'interrogatoire de Gilles Spartacus et se mit à rechercher, dans ceux qui l'intéressaient, tous les détails concernant les dates. Il s'arma d'une feuille de papier et d'un crayon et y nota les jours et les heures des différents événements, dans leur ordre chronologique.

Le musicien avait dit qu'il était allé faire un concert aux Antilles et qu'il en avait rapporté le poncho. La mouche avait voyagé dans les plis du tissu, c'est-à-dire dans la climatisation de l'avion, hors de son « contexte climatique », comme disait le livre. Huit heures d'avion au départ de Fort-de-France, plus la récupération des bagages et le voyage de Roissy à Fontainebleau... disons une bonne dizaine d'heures.

Puis, le vêtement avait été exposé dans la maison, pas très chaude malgré le soleil en cette saison de printemps parisien tout juste naissant. Rien à voir en tout cas avec le climat chaud et humide de la Martinique ! La mouche avait donc dû mourir le lendemain de son arrivée.

Et tout cela s'était produit une semaine avant que Spartacus n'enveloppe le corps de Louana Versant dans le poncho. Donc, c'était certain, à ce moment-là, la mouche était morte depuis bien longtemps. Elle n'avait donc pas pu pondre ses œufs.

Sacré Dallant ! Il venait de mettre le doigt sur une drôle de découverte.

Mais si ce n'était pas la *cochlyimya macelaria* du poncho qui avait pondu sur la femme, d'où venait la mouche pondeuse dont on avait retrouvé les larves sur le corps ?

Il replia son dossier, se précipita dans sa voiture et prit le chemin du laboratoire de Police Scientifique aussi vite que le lui permettait le moteur en fin de carrière de sa malheureuse Renault 21.

*

* *

Mireille Garofalo entra dans le bureau du juge Chantal Bouchaud le cœur serré. Comment le magistrat allait-elle la recevoir ? Au téléphone, pour prendre rendez-vous, elle n'avait pu parler qu'à sa greffière.

— Asseyez-vous, maître, lui dit la juge en lui désignant un fauteuil placé en face de son bureau. Que puis-je faire pour vous ?

— Je suis maître Garofalo, du cabinet Lesage. Je suis chargée de défendre le jeune Gilles Spartacus au titre de l'aide judiciaire, madame le juge, et je suis inquiète. Le système de défense de mon client est tellement aberrant que je me demande ce que je vais pouvoir faire. J'aurais aimé avoir votre impression sur cette affaire.

La juge se rejeta en arrière, s'appuyant contre le dossier de son fauteuil. Elle avait la chemise « SPARTACUS » ouverte sur son bureau et l'avait certainement étudiée peu avant l'entretien.

— Maître, vous vous rendez compte de ce que votre démarche a d'inhabituel, lui répondit-elle avec un petit sourire. Cette affaire est à l'instruction et je ne devrais pas vous dire ce que j'en pense. Je devrais au contraire vous demander quel système de défense vous comptez utiliser. Mais vous êtes jeune et je vous pardonne.

« Pour une fois que mon inexpérience m'est utile... » pensa Mireille.

— Je le fais d'autant plus volontiers que ce dossier m'inquiète, moi aussi, continuait la juge. Tout accuse ce jeune homme... ce Gilles Spartacus... et sa version ne tient manifestement pas la route. Et pourtant, il semble tellement sincère que j'aurais tendance à le croire.

« Ouf… elle pense comme moi ! » se dit Mireille en retenant un soupir de soulagement qui dût être perceptible à la juge.

— Cela dit, continua celle-ci comme pour doucher son enthousiasme, ne vous faites pas d'illusion, si nous ne trouvons rien de nouveau pour le disculper, je serai obligé de le renvoyer devant les assises. Et là, sauf miracle, aucun juré ne le croira. Il risque la perpétuité.

Maître Garofalo hocha la tête. Elle était un peu rassurée sur son propre jugement, mais se rendait bien compte qu'il ne s'agissait que d'une simple satisfaction personnelle. La juge ne faisait que la confirmer dans son impression. Elle aussi avait trouvé le dossier litigieux, mais ne disposait d'aucun argument pour s'opposer à l'inculpation du jeune homme.

— Vous pensez donc, madame le juge, que Gilles Spartacus pourrait être innocent.

— Ce n'est vraiment qu'une impression fugitive sans fondement objectif. Sauf miracle, le parquet va s'acharner sur lui et emportera la décision. Je ne sais pas qui sera chargé des réquisitions à l'audience, mais tous nos substituts généraux sont pleins de talent et les jurés sont généralement insensibles aux simples intuitions féminines. Surtout vis-à-vis d'un chanteur antillais au style… disons un peu… marginal.

— Je veillerai à le faire changer de style, madame le juge. En lui coupant les cheveux…

— Je crains que cela ne suffise pas pour le faire

innocenter, l'interrompit la juge. Surtout que si ce n'est pas lui, les soupçons vont se porter sur le mari de la victime. L'enquête de personnalité n'est pas terminée, mais pour l'instant, on n'a pas trouvé d'autre amant à la victime... Nous restons donc avec nos deux suspects : un député d'excellente réputation, beau garçon, beau parleur, qui serait certainement défendu par une star du barreau, et un jeune musicien rasta déjà condamné pour un petit trafic de drogue. Cherchez l'erreur...

Mireille Garofalo hocha la tête et se leva.

— Pardonnez moi de vous avoir dérangée, madame le juge. Je vais faire de mon mieux.

Elle n'avait plus rien à ajouter. La juge avait été sincère, mais elle non plus ne pouvait rien en l'absence de nouveaux éléments. Elle se rendait bien compte de l'immensité de la tâche qui l'attendait si elle voulait sauver son client.

Selon que vous serez puissant ou misérable...

A plus forte raison quand le « misérable » ne disposait d'aucun argument convaincant...

— Maître, dit soudain la juge d'une voix douce alors que l'avocate allait sortir, connaissez-vous l'inspecteur Gribovitch ?

— J'ai vu son nom sur les procès-verbaux dans la procédure.

— Vous devriez prendre contact avec lui aux Affaires Spéciales. Il semble lui aussi convaincu de l'innocence de votre client.

— C'est pourtant lui qui l'a arrêté, si j'ai bonne mémoire, objecta Mireille.

— Il a fait son devoir. Comme nous tous. Ce qui n'empêche pas les sentiments et les impressions subjectives...

Chantal Bouchaud replongea le nez dans ses dossiers, signifiant visiblement que, cette fois, l'entretien était terminé. Maître Garofalo ouvrit la porte, mais se retourna avant de sortir.

— Madame le juge... merci ! ne put-elle s'empêcher de lui dire.

— Ne me remerciez pas. Rien n'est encore gagné. Et naturellement, maître, je ne vous ai rien dit...

— Naturellement, madame le juge...

Mireille Garofalo referma la porte, un peu rassérénée. Au moins n'était-elle plus seule à se battre pour défendre son client. Et si ses meilleurs alliés étaient le juge d'instruction et l'inspecteur de police chargés du dossier, tout n'était peut-être pas perdu...

*
* *

Roger Dallant daigna enfin lever la tête de son microscope et se retourna vers Gribovitch, assis sur une chaise en bois près de lui.

— Tu voulais une confirmation, regarde toi-même, lui dit-il en se levant pour lui laisser la place devant l'appareil. Regarde comme elles sont belles !

Alex se pencha sur les oculaires. Ses lunettes le gênaient un peu, mais il voyait nettement des petites bêtes assez répugnantes de différentes formes immobiles sous la lumière. Comment Dallant pouvait-il qualifier des « belles » de telles horreurs ?

— Je ne doute pas que ce spectacle soit particulièrement beau, dit-il à Dallant en se redressant, mais pour moi, il ne signifie rien. Si tu m'expliquais dans un langage à la portée d'un béotien comme moi ce que je dois voir ?

— Les larves que tu viens de voir, commença Dallant sur un ton professoral, sont des larves de *cochlyimya macelaria*, cette mouche tropicale que nous avons retrouvée sur les vêtements de ta cliente et dans le poncho du jeune Spartacus. Elles en étaient au stade « deux » de leur développement quand elles sont mortes, ainsi que le montrent les photos de ce livre.

Il lui désignait un énorme volume d'entomologie ouvert à la bonne page.

— Les œufs qui ont donné naissance à ces larves n'ont pu être pondus que par une mouche vivante elle aussi. Or, vu les délais, la mouche qui était dans le poncho de Spartacus était forcément morte au moment où il en a enveloppé le cadavre de sa victime. Tu me suis ?

— Je pense, donc je suis…

— Évite de faire de l'humour de pacotille quand je réfléchis, s'il te plaît. La question est donc : d'où le sortait la *cochlyimya macelaria* qui a pondu sur les vêtements de la victime les œufs qui ont donné naissance à ces larves ? Où cette mouche venue des Antilles depuis plus d'une semaine a-t-elle pu survivre quelque part en France… ou plutôt « en métropole » comme ils disent là-bas, puisque la Martinique, c'est aussi la France ?

Gribovitch hocha la tête en se grattant le crâne, puis alluma une Gitane blonde pour se donner le temps de réfléchir.

— Tu as une idée ? demanda-t-il enfin à Dallant.

— Non, je n'ai pas d'idée ! explosa celui-ci. Moi, je suis un scientifique. J'analyse des faits et je livre des conclusions. Ma conclusion, c'est que *mes* larves n'ont pas pu être pondues par *ta* mouche ! Alors trouve-moi une autre mouche et je te dirai si c'est elle qui a pu pondre ces larves. C'est ça ton boulot, inspecteur.

— OK… OK, concéda Gribovitch en se levant. Je pars sur le sentier de la guerre, monsieur le professeur.

Il se dirigea vers la porte et allait sortir quand il entendit Dallant grogner sur un ton radouci.

— A ta place, je chercherais quand même à savoir s'il n'y a pas une serre quelque part…

— Une serre ? demanda Alex, la main sur la poignée de la porte.

— Ben oui…, une serre. Où aurait-elle survécu, cette pauvre *cochlyimya macelaria*, si elle n'avait pas trouvé un endroit chaud et humide pour s'abriter ? Et en France… enfin, en « métropole »… les seuls endroits chauds et humides en cette saison, ce sont les serres !

*

* *

Sacha Oulianov était sorti de son entretien avec son vieil ami Versant en proie à un étrange sentiment. Il se rendait bien compte que leurs sorts étaient liés, mais tout cela n'était arrivé qu'à cause de la négligence de l'homme politique. Pourquoi avait-il laissé Louana prendre connaissance de ces maudits papiers ?

Il regagna son bureau et tenta de se remettre au travail, mais il n'arrivait pas à se concentrer. Pourquoi ressentait-il cette étrange impression de malaise, ce sentiment qu'un danger imminent restait suspendu au-dessus de sa tête comme une épée de Damoclès ?

L'entrée de Liliane avec une pile de courrier l'obligea à revenir aux affaires. La jeune femme était radieuse. Jamais il ne l'avait vue aussi souriante. Sans doute pensait-elle à ce qui s'était passé entre eux la veille, sur le canapé du salon de Sonia. Depuis le temps qu'elle devait attendre ce moment-là !

Pendant qu'elle refermait la porte, il remarqua qu'elle avait mis une jupe ample plus courte que d'habitude et que ses seins semblaient plus gros. Peut-être s'était-elle payé un « Wonderbra » pour la circonstance ?

Elle fit le tour du bureau, s'approcha de lui jusqu'à le frôler et déposa le courrier sur le bureau.

Les notes habituelles, lui dit-elle d'une voix qu'elle cherchait à rendre suave. Les Allemands ont confirmé pour l'hôtel près du château. Ils voudraient signer dans les quinze jours qui viennent et que les travaux démarrent rapidement…

Elle s'était collée contre l'accoudoir de son fauteuil et il sentait sa hanche se frotter contre son bras. Visiblement, Liliane avait envie de répéter l'expérience de la veille et curieusement, cette idée déclencha chez lui une érection qu'il n'attendait pas. Était-ce la sauvagerie avec laquelle il l'avait prise sur le canapé de Sonia qui lui faisait cet effet ?

— Très bien, Liliane, lui dit-il d'une voix légèrement voilée par une émotion qu'il n'arrivait pas à contrôler.

Il passa sa main sous la jupe de la jeune femme et remonta lentement à l'intérieur de sa cuisse. Loin de protester, Liliane écarta les jambes en pliant les genoux. Quand il atteignit son sexe, il sut qu'elle avait prémédité la situation : elle n'avait pas mis de culotte et elle était trempée.

Elle se pencha au-dessus du bureau et écrasa ses grosses lèvres charnues sur sa bouche. En même temps, elle lança la main vers son pantalon, ouvrit sa ceinture, déboutonna sa braguette et fit jaillir du slip son sexe déjà tendu avec une dextérité qui trahissait sans aucun doute une longue expérience.

Du pied, il repoussa son fauteuil en arrière. Liliane vient se placer face à lui à califourchon, retroussa sa jupe jusqu'au nombril et se laissa retomber pour s'empaler brutalement sur la colonne de chair qui se présentait à elle, lui enfouissant le visage entre ses seins. Il ouvrit son corsage, fit glisser les bretelles du soutien-gorge – c'était bien un Wonderbra ! – s'empara des deux globes ronds et fermes et se mit à les pétrir et à les mordiller avec avidité pendant que la jeune femme montait et descendait sur lui en faisant pénétrer son sexe en elle aussi loin qu'elle le pouvait.

Quand il sentit qu'il allait jouir, il lâcha les seins de Liliane et lui appuya sur les épaules. Il resta ainsi bien abuté en elle pour se vider au fond de son ventre tandis qu'elle jouissait en se retenant de crier pour ne pas ameuter les secrétaires des bureaux voisins.

C'est pendant qu'ils reprenaient leur souffle que Sacha identifia le danger diffus qu'il sentait suspendu au-dessus de sa tête et sut brusquement ce qui le préoccupait.

La veille, dans l'affolement de trouver Liliane chez Sonia, puis de la neutraliser en lui faisant l'amour, il avait encore oublié de reprendre le journal qu'il avait laissé dans l'appartement lorsqu'il était allé tuer son ancienne maîtresse.

avidité pendant que la jeune femme montait et des-
cendant sur lui, enchaînant [illegible] pénétrer son sexe en elle
aussi loin qu'elle le pouvait.

Quand il sentit qu'il allait jouir, il lâcha les reins de Liliane et prit appui sur les épaules. Il resta ainsi bien [illegible] à elle pour se vider au fond de son ventre tandis qu'elle jouissait [illegible] se retenant de crier pour ne pas alerter les secrétaires des bureaux voisins.

C'est pendant qu'ils reprenaient leur souffle que Sacha ressentit le danger diffus qu'il sentait sus-pendu au-dessus de sa tête et sut brusquement ce qui le préoccupait.

La veille, dans l'affolement de trouver Liliane chez Sonia, puis de la neutraliser en lui faisant l'amour, il avait encore oublié de reprendre le jour-nal qu'il avait laissé dans l'appartement lorsqu'il était allé tuer son innocente maîtresse.

CHAPITRE XIV

— Ils doivent m'enlever le plâtre dans trois jours, mais j'aurai de la rééducation, disait Sophie.

Gribovitch l'avait appelée à l'hôpital pour prendre de ses nouvelles en revenant de chez Dallant. Elle avait une bonne voix et ne semblait pas souffrir.

— On sera contents de te revoir, ma grande, lui dit-il entre deux bouffées de Gitane blonde.

Il était sincère. Bien sûr, dans cette affaire, ils n'étaient pas du même avis, mais la présence de sa fidèle partenaire lui manquait.

— Et ton enquête ? lui demanda-t-elle.

— Elle avance, répondit-il. Dallant a trouvé une mouche qui devrait nous aider à découvrir la vérité.

— Une mouche ? s'étonna Sophie. Qu'est-ce qu'une mouche vient faire là-dedans ?

Il allait lui résumer ce qu'il avait appris au laboratoire quand la porte du bureau s'ouvrit. C'était Anne Baroux, qui revenait de la banque de France. Elle était toujours sur son affaire de faux dollars et faisait des allers et retours entre le bureau et le siège de l'établissement, rue Croix-des-Petits-Champs.

— Gribo, une visite pour toi, lui dit-elle avec un

grand sourire qui se voulait complice et un clin d'œil égrillard.

Elle était en effet suivie d'une superbe créature blonde dont le tailleur strict et les cheveux tirés en chignon n'arrivaient pas à cacher la beauté.

— *Ecce homo* [1] ! dit-elle à la jeune femme, restée près de la porte, en lui désignant Alex.

— Excuse-moi, dit précipitamment celui-ci à Sophie au téléphone, je te rappelle dès que je peux. Tout le monde t'embrasse…

Il raccrocha sans attendre la réponse et se leva pour accueillir sa belle visiteuse.

— Inspecteur Gribovitch, lui dit-il en lui tendant la main pour la faire entrer. Que puis-je faire pour vous ?

— Maître Mireille Garofalo, du cabinet Lesage, se présenta-t-elle. C'est vous que je voulais voir. Au sujet de l'affaire Spartacus…

— Asseyez-vous, lui dit-il en lui montrant le siège en face de son bureau. Vous avez relevé une faute de procédure dans le dossier et vous allez engager des poursuites contre moi ? continua-t-il, légèrement ironique.

— Pas du tout, répondit-elle en s'installant, votre dossier était parfait, du moins à première vue. On l'épluchera en détail si on doit un jour se pourvoir en cassation. Mais pour l'instant, j'ai plutôt besoin de votre aide.

— Intéressant…, commenta Gribovitch, qui se

1. « Voici l'homme ». Expression attribuée à Judas désignant Jésus aux soldats venus l'arrêter.

demandait où son interlocutrice voulait en venir. D'habitude, les avocats viennent plutôt nous voir pour nous insulter.

— Ma démarche n'est pas très habituelle, je le reconnais, mais j'ai du mal à comprendre le système de défense de mon client. Il prétend avoir trouvé le cadavre de sa maîtresse dans son lit et l'avoir ensuite porté en forêt par crainte d'être accusé du meurtre. Ça ne tient pas debout et pourtant, quelque chose me laisse penser qu'il dit la vérité, que sa version des faits est la bonne en ce qui le concerne dans cette affaire. Qu'en pensez-vous ?

Gribovitch hésita. Il avait appris à se méfier des avocats, qui ne reculaient parfois devant aucun détestable procédé pour défendre leurs clients en piégeant les policiers. Avec son beau sourire et ses grands yeux bleus innocents, cette Mireille Garofalo était peut-être le fromage de la souricière. D'autant qu'elle travaillait chez Lesage, un redoutable cabinet bien connu dans le métier pour s'asseoir allègrement sur la déontologie quand le sort d'un procès était en jeu.

— Qui vous a dit de vous adresser à moi ? lui demanda-t-il en changeant de conversation.

— Facile. J'ai vu votre nom sur les procès-verbaux et c'est vous qui avez arrêté mon client.

— Vous savez donc ce que j'en pense.

— Pas forcément. Le devoir et les sentiments personnels sont parfois en opposition, répondit-elle en souriant.

Gribovitch réfléchit quelques instants. Cette réponse lui laissait penser que l'avocate en savait plus sur lui qu'elle ne voulait bien le reconnaître. Était-ce la juge d'instruction qui lui avait parlé ? Elle n'en dirait sans doute pas plus dans ce bureau.

— Vous avez déjeuné ? lui demanda-t-il à brûle-pourpoint.

— Euh… non…, avoua-t-elle, surprise.

Il se leva et se dirigea vers la porte.

— Allons manger un morceau, lui dit-il. Je n'ai rien dans l'estomac depuis hier soir. Vous me raconterez votre point de vue. Mais je vous préviens, c'est vous qui payez. Sur le compte de maître Lesage, bien entendu…

Mireille Garofalo le suivit, comprenant que le contact était établi. Allait-elle pouvoir résoudre son problème pour le prix d'un déjeuner ?

*

* *

Le commissaire Ledru restait assis devant le journal ouvert devant lui. C'était *Le Parisien* de trois jours auparavant, roulé de façon à faire apparaître en première page l'article sur le témoignage de Sonia dans l'affaire du meurtre de Louana Versant. Ses collaborateurs l'avaient trouvé plié derrière l'un des coussins du canapé du salon de la jeune femme. Sans doute y avait-il glissé par inadvertance. Des traces blanches de céruse recouvraient encore certaines parties de l'article, aux endroits où les techniciens de scène de crime avaient relevé des empreintes digitales. On allait certainement les identifier comme étant celles de Sonia. Fallait-il en parler aux inspecteurs de Paris ?

Cette affaire lui tournait les sangs. A quelques mois de la retraite, ce genre d'enquête n'était plus de son âge. Une épouse de député... une fille sadomaso... un musicien antillais... et les Affaires Spéciales sur le dos. Pour une fin de carrière, il était servi !

Il allait replier le journal et s'en désintéresser quand l'inspecteur Trimard entra dans le bureau.

— Patron, on a les résultats pour les empreintes chez Sonia Michaud. Il y a les siennes, mais il y en a beaucoup d'autres... Elle recevait pas mal de messieurs, cette demoiselle, commenta-t-il avec un sourire égrillard.

— Elle était majeure et vaccinée ! objecta Ledru.

Il n'ignorait pas que Sonia vivait en grande partie de ses charmes, mais n'aimait pas que quelqu'un d'étranger le lui rappelle. Elle était la fille de celui qui avait été son meilleur ami et il estimait que dire du mal de Sonia, c'était salir sa mémoire.

— Les plus intéressantes, ce sont celles-ci, continua Trimard en lui mettant sous les yeux diverses fiches d'identification visiblement crachées par l'ordinateur de Morphosystème. On les a identifiées facilement. Elles appartiennent à Sacha Oulianov !

— Oulianov ? sursauta Ledru. Qu'est-ce qu'il vient faire dans cette histoire ?

— Vous le connaissez ? s'étonna Trimard.

— C'est le patron de la SCB. la Société de

Constructions Bellifontaine... Comment l'a-t-on identifié ?

— C'est un immigré d'un ancien pays communiste. On avait pris ses empreintes quand on lui a délivré sa carte de séjour. A l'époque, l'espionnite sévissait partout...

— Très bien, Trimard. Merci, lui dit Ledru en prenant le dossier. Je vais m'en occuper.

— Ce n'est pas tout, patron. On a aussi les résultats du labo. La fille n'a pas été tuée par les coups. Elle était morte avant, d'après le légiste. Étranglée, probablement par le fouet qui a ensuite servi à la frapper.

Pauvre Sonia ! Elle n'avait pas eu une vie heureuse et elle était morte d'une façon atroce. Mais finalement, sans doute avait-elle moins souffert...

— Donc, une mise en scène ?

— C'est la conclusion qui semble la plus évidente. A moins que l'on ait affaire à un vrai sadique. Frapper comme ça sur un cadavre, franchement patron, il faut être complètement taré !

— C'est vrai, Trimard, soupira Ledru. Totalement vrai. Merci de votre aide.

L'inspecteur se retira, comprenant que son patron voulait rester seul.

Ledru consulta les fiches ordinateur une à une. Finalement, seules les empreintes de Sacha Oulianov avaient été identifiées. Les autres étaient inconnues. On les avait relevées partout : dans la chambre, dans la salle de bains, dans le salon et...

Il sursauta : les empreintes d'Oulianov étaient sur le journal.

C'était donc probablement lui qui l'avait apporté dans l'appartement. Mais quel jour et à quelle heure ? Il allait lui falloir interroger ce chef d'entreprise, bien connu dans la région et qui avait engagé sa sœur comme secrétaire et son neveu comme carreleur pour lui rendre service. Sans compter les divers travaux que la SCB. avait réalisés gratuitement dans la villa où il allait prendre sa retraite : une cuisine intégrée en chêne massif... une porte de garage électrique... une clôture en PVC blanc...

La démarche était délicate. Oulianov n'allait pas manquer de lui rappeler toutes les « bontés » qu'il avait eues pour lui et lui demander de renvoyer l'ascenseur en enterrant l'affaire.

Pourtant, en moins de quinze secondes, il avait fait son choix. Mieux valait abandonner la gloire médiatique, mais ne pas être amené à abandonner les recherches sur l'assassin de la fille de son ami. Une trahison posthume !

Il décrocha le téléphone et composa le numéro des Affaires Spéciales à Paris.

*

* *

Liliane s'absorba dans la contemplation de la vitrine d'un magasin de chaussures tout en gardant un œil sur son patron.

Après leur petite séance de sexe dans le bureau, Sacha avait semblé brusquement préoccupé. Il s'était levé et reboutonné pendant qu'elle-même remettait de l'ordre dans sa tenue, puis était sorti presque précipitamment sans même regarder le courrier qu'elle lui avait apporté.

— Excuse-moi..., lui avait-il dit. J'avais complètement oublié un rendez-vous.

Cette précipitation lui avait paru bizarre, d'autant qu'elle savait qu'il n'avait aucun rendez-vous ce matin-là. Du moins pour le travail.

Elle avait donc enfilé son manteau léger, elle était sortie discrètement derrière lui et l'avait suivi. Il s'était dirigé vers le centre de la ville, et arrivait maintenant près de l'immeuble où avait habité sa maîtresse. Elle le vit se retourner et jeter un regard inquiet autour de lui. Il ne fallait surtout pas qu'il la voie !

Elle le vit ensuite pénétrer dans l'immeuble et y disparaître. Y pénétrer derrière lui, c'était prendre le risque de se faire repérer. Que faire ? Elle savait où il allait. Mais pourquoi ?

« L'assassin revient toujours sur les lieux de son crime ! » pensa-t-elle soudain, presque malgré elle.

Mais non... ce n'était pas possible... Sacha, *son* Sacha ne pouvait pas avoir tué cette fille, surtout d'une façon aussi horrible ! Elle avait vu le corps nu et martyrisé attaché sur le lit. Un crime de sadique, sans aucun doute. Et *son* Sacha n'était pas... ne pouvait pas être cet homme-là !

Elle se remémora pourtant sa réaction quand il l'avait vue dans l'appartement, cet éclair de panique qu'elle avait surpris dans ses yeux. Bien sûr, il s'était vite repris et l'avait rassurée en la sautant comme un sauvage sur le canapé, mais sa première réaction n'en avait pas moins été particulièrement inquiète.

Tout en réfléchissant, elle continuait de surveiller l'entrée de l'immeuble de son ex-rivale, et vit Sacha en sortir à grandes enjambées au bout d'une dizaine de minutes. Il n'y était pas resté longtemps, mais semblait particulièrement abattu. Il se dirigea vers sa voiture et elle le laissa s'éloigner. Il devait rentrer au bureau ou chez lui.

Elle s'approcha de l'immeuble et y entra à son tour. Comme la première fois qu'elle y était venue, elle attendit que quelqu'un sorte pour pénétrer dans le hall et monta au troisième étage. Les scellés étaient posés sur la porte de l'appartement de Sonia Michaud et ils semblaient intacts.

Mais elle regarda de plus près les cachets de cire et y remarqua une entaille à hauteur de la jointure entre celui de la porte et le ruban qui les reliait. Elle en approcha la main et tira légèrement dessus. Le ruban se détacha sans difficulté et resta suspendu au bloc de cire collé sur le montant.

Aucun doute, le scellé avait été rompu par quelqu'un qui recherchait la discrétion. Et ce quelqu'un était probablement son patron.

Pourquoi Sacha avait-il pris le risque de se mettre hors la loi de cette façon ? Il fallait que le jeu en vaille vraiment la chandelle !

Elle fit demi-tour et rejoignit sa voiture, bien décidée à lui demander des explications. Si cet homme était un sadique et un assassin, il ne fallait surtout pas qu'elle continue de coucher avec lui. Un jour ou l'autre, il s'en prendrait à elle. Le corps torturé de Sonia lui revenait devant les yeux chaque fois qu'elle y repensait…

*
* *

Le député Raoul Versant n'avait pas faim. Amalia lui avait préparé un repas de son pays qu'il appréciait d'habitude – des crevettes en sauce pimentée avec des bananes plantain frites –, mais il y avait à peine touché. Il n'arrivait pas à évacuer la pénible impression qu'il ressentait d'un piège se refermant sur lui, et cela lui nouait l'estomac.

Il y avait d'abord eu la mort de Louana, qu'il avait été « obligé » de tuer pour éviter le scandale qu'elle l'avait menacé de déclencher. Puis cette femme-policier qu'il avait été « obligé » de séduire pour lui éviter de se montrer trop fouineuse. Et maintenant son vieil ami Sacha Oulianov qui semblait paniquer devant le danger auquel il était confronté. Finalement, il n'aurait peut-être pas dû le pousser à tuer sa maîtresse. Pourquoi avait-il fallu qu'il se trouve avec elle juste au moment et à l'endroit où l'autre était allé jeter le corps de Louana ? Le hasard faisait mal les choses !

Sacha n'allait plus revenir l'importuner, il le lui avait demandé et l'autre s'en tiendrait là. Que lui restait-il à faire ? Attendre…

Amalia entra dans la salle à manger, portant un ananas artistiquement pelé et découpé.

— Tu n'as rien mangé, mon chéri ! lui reprocha-t-elle en le posant sur la table.

— Amalia, s'emporta-t-il, je t'ai déjà dit de ne pas me donner du « mon chéri » quand tu me sers !

— Mais il n'y a que nous ! protesta-t-elle, surprise.

— Un jour, tu le feras machinalement devant des invités et tout le monde saura ce qu'il y a entre nous.

— Et alors ? s'étonna Amalia. Tu es veuf, tu as bien le droit d'aimer qui tu veux.

Aimer... L'aimait-il vraiment ? C'est vrai qu'il faisait volontiers l'amour avec elle, mais était-ce suffisant ?

— Je suis veuf depuis trop peu de temps. Il faut attendre un peu.

— Comme tu voudras, mon amour.

Elle s'approcha derrière lui et l'embrassa dans le cou, puis laissa ses mains descendre le long de son torse jusqu'à se poser sur sa braguette. Il fut tenté de céder, mais préféra se dégager.

— Excuse-moi, je n'ai pas la tête à ça..., lui dit-il en l'embrassant distraitement sur la joue.

Amalia se redressa, puis se retira en souriant. Elle ne le montrait pas, mais il savait qu'elle était vexée. Tant pis ! Tout irait mieux quand cette affaire serait finie.

Il saisit le journal posé sur un coin de la table et l'ouvrit à la page de Fontainebleau. Il la parcourait machinalement quand un article lui sauta aux yeux : « Accident corporel au carrefour de la sortie : un camion percute la voiture d'un policier parisien ».

Le journaliste citait le nom de Sophie Leclerc, inspecteur aux « Affaires Spéciales » et chargée de l'enquête sur le meurtre de Louana Versant. Il disait aussi qu'elle avait été transportée à l'hôpital de Fontainebleau.

Ainsi, Sophie était blessée et hospitalisée dans la ville. Il fallait qu'il fasse quelque chose. Aller la voir ? Les journalistes risquaient de s'en étonner et son geste d'être mal interprété. Lui envoyer des fleurs, c'était la meilleure solution.

Il décrocha le téléphone et appela Interflora.

CHAPITRE XV

Gribovitch n'en revenait pas : une avocate lui demandait de l'aider à innocenter son client ! C'était le monde à l'envers !

D'habitude, il était plutôt le « fournisseur » de ces gens-là et s'évertuait de démonter leurs manœuvres dilatoires ou leur système de défense, ce qui aboutissait parfois à des joutes oratoires épiques dans les cabinets des juges d'instruction ou aux audiences des tribunaux correctionnels ou des cours d'assises.

Et là, tranquillement, devant un bon déjeuner, entrc fromage et dessert, maître Garofalo avait nettement annoncé la couleur.

— Je pense que mon client est innocent, lui avait-elle dit, et je compte sur vous pour m'aider à le prouver.

Il lui avait d'abord fait remarquer tout le sel de la situation et elle en avait convenu.

— C'est vrai, mais la situation n'est pas classique, inspecteur, lui avait-elle dit. Vous-même êtes convaincu de son innocence, j'en suis sûre. Alors aidez-moi à la démontrer.

Si elle n'avait pas été aussi jolie, il l'aurait certainement, par prudence, envoyé promener. Mais il ne savait pas résister à un tel sourire.

— « Que l'homme qui ne l'avait jamais fait me jette la première pierre ! » pensa-t-il avec une parfaite mauvaise foi pour se disculper vis-à-vis de lui-même.

— Je ne vois pas en quoi je peux vous aider, lui avait-il répondu.

— Il n'y a guère qu'une solution, lui avait-elle dit, c'est de trouver le vrai coupable.

— L'autre suspect ne peut être que son mari. Et là, vous savez à qui vous vous attaquez ?

— Je sais. Mon patron me l'a déjà fait remarquer. « Pas de vagues », telle est la consigne. Mais je ne marche pas. Je veux la vérité.

C'est un langage que Gribovitch avait apprécié, et à l'heure du café, le dossier éparpillé sur la petite table du restaurant, ils en étaient à retracer point par point l'emploi du temps de Spartacus tel qu'il le leur avait décrit.

— A trois heures du matin, il rentre de son concert à Melun, résuma Mireille. Il trouve sa maîtresse dans son lit, veut l'honorer, mais s'aperçoit qu'elle est morte. Il panique… il envisage d'appeler la police, mais prend peur. Il l'enveloppe dans le poncho…

— Non, la coupa Gribovitch, dans l'emploi du temps de la nuit, nous ne trouverons rien. Il faut commencer avant. Si c'est Versant qui a tué sa femme, pourquoi l'a-t-il fait et en quelles circonstances ?

Même si le ménage ne marchait pas, quel a été l'élément déclencheur du passage à l'acte ?

— La jalousie ?

— Il savait depuis longtemps qu'elle le trompait. Pourquoi l'avoir tuée à ce moment-là plus précisément ?

— Il croyait peut-être que cette liaison était terminée quand Spartacus était parti aux Antilles. Il a été déçu d'apprendre qu'elle reprenait quand il a vu que son amant lui avait rapporté des fleurs de là-bas et qu'elle recommençait à découcher.

— Parce qu'il lui a rapporté des fleurs ? s'étonna Gribovitch. Ce n'est pourtant pas dans son style.

— Des anturiums... Il y en a une très belle plantation à la Martinique. Il en a même rapporté un pied qu'elle a replanté dans la serre de son mari, m'a-t-il dit.

Alex sursauta.

— Qu'est-ce que vous venez de dire ? demanda-t-il brusquement à Mireille Garofalo.

Elle le regarda de ses grands yeux étonnés.

— J'ai dit qu'il lui avait rapporté un plan d'anturium et qu'elle l'avait planté dans la serre de son mari...

Gribovitch se rejeta en arrière et partit d'un grand éclat de rire.

— La mouche ! s'écria-t-il à la grande surprise des autres clients du restaurant. Dallant, tu es un génie !

Maître Garofalo le regardait avec stupéfaction, jetant des regards navrés dans la salle dont ils étaient maintenant le centre d'intérêt.

Elle se rapprocha de lui et lui parla à voix basse.

— Je peux comprendre ? lui demanda-t-elle.

— Je crois que nous avons mis le doigt sur le nœud de l'affaire, lui répondit-il en se calmant, un peu honteux de son accès d'enthousiasme. Le labo a découvert une mouche tropicale sur les vêtements de Louana Versant. Je ne vous en dirai pas le nom. Trop compliqué. Je l'ai déjà oublié. Nous avons d'abord cru que cette mouche avait survécu dans le poncho qui a servi à envelopper le cadavre. Mais d'après les études de Roger Dallant, notre chef du labo, c'est impossible. Cette mouche n'a pu être là vivante que si elle a séjourné dans une serre pendant un certain temps. Et voilà que vous me parlez d'une serre chez Versant. C'est là qu'il faut chercher.

— Vous ne saviez pas qu'il avait une serre ? s'étonna l'avocate.

— Non, c'est ma collègue qui est allé l'interroger pendant que je m'occupais de Spartacus. Nous nous étions partagé les rôles. Malheureusement, elle a eu un accident de voiture et nous n'avons pas confronté le détail de ce que nous avions appris. Elle ne m'a donc pas parlé de la serre. Même si elle connaît son existence, elle ne sait pas qu'elle est tellement importante pour l'enquête.

— Je vois. J'espère qu'elle n'a rien de grave.

— Quelques côtes cassées… elle s'en sortira.

Il pensa fugitivement que cette nouvelle allait certainement la désoler, mais se garda bien d'en parler à son interlocutrice. Inutile de lui dire que l'inspecteur

Sophie Leclerc était tombée amoureuse de l'un des suspects...

— Il faut approfondir cette piste, enchaîna-t-il avec conviction.

— Comment ?

— Spartacus ne vous a raconté que oralement cette histoire de fleur que Louana Versant aurait plantée dans la serre de son mari. Il faut donc avoir sa déposition écrite. Ensuite, forts de cet argument, on perquisitionne dans la serre de Versant. Si le corps y a séjourné, c'est bien le Diable si on n'y trouve pas une preuve valable !

*

* *

Sacha Oulianov rentra dans le bureau du secrétariat en coup de vent. Revenant de chez Sonia, il avait profité du trajet en voiture pour tenter de mettre un peu d'ordre dans ses idées, mais les battements de son cœur ne s'étaient pas encore totalement calmés.

En arrivant chez son ex-maîtresse, il s'était rendu compte que, comme il s'y attendait, les scellés avaient été placés sur la porte de l'appartement. Il avait un peu hésité mais finalement, estimant que le jeu en valait la chandelle, il les avait rompus. Puis, il avait pris sa clé et il était entré. La pièce était en désordre et avait été fouillée sans précaution. Des traces blanches de céruse étaient encore visibles sur les meubles et les murs.

Il s'était précipité sur le divan et en avait enlevé

les coussins, mais n'y avait pas trouvé son journal. Il avait ensuite visité les différentes pièces de l'appartement.

Sans succès. Les flics l'avaient-ils emporté ou s'était-il inquiété pour rien ? Mais il avait beau tenter de se rassurer, il ne voyait pas où il pouvait avoir oublié ce maudit journal ailleurs.

Découragé, il avait donc quitté l'appartement et avait repris le chemin du bureau. En route, il s'était arrêté dans un café pour boire un cognac, histoire de se remettre les idées en place, mais en vain : il était arrivé plus inquiet encore que quand il était venu. Quelle tuile !

— Liliane n'est pas là ? demanda-t-il à la jeune secrétaire stagiaire qu'il avait engagée la semaine précédente.

— Elle est sortie, monsieur, lui répondit la fille en rougissant. Juste après vous, tout à l'heure.

Il attribua son trouble à l'émotion de parler au patron et s'en trouva presque flatté. Maintenant que Sonia n'était plus là, il faudrait qu'il s'intéresse de près à cette petite gourde, dont le corsage lui paraissait meublé d'agréable façon.

— Dites-lui de venir me voir dès qu'elle rentrera.

— Bien, monsieur...

Elle se remit à son clavier d'ordinateur pendant qu'il ouvrait la porte de son propre bureau.

Il ne put retenir un mouvement de recul devant le spectacle qui l'y attendait : Liliane était assise à sa place, très décontractée, et le fixait avec un regard mauvais.

— Qu'est-ce que tu fais là ? lui demanda-t-il en entrant et en refermant la porte derrière lui.

— Tu vois, je t'attendais...

— La fille m'a dit que...

— C'est moi qui lui ai dit de te dire que...

Il s'approcha d'elle et lui fit signe de libérer la place. Mais Liliane ne bougeait pas.

— Qu'est-ce que tu me veux ? l'interrogea-t-il sur un ton agressif.

Après l'émotion de sa visite infructueuse chez Sonia, il sentait que la situation allait encore se dégrader, et sa combativité lui revenait comme aux plus beaux jours de son ascension sociale, quand il lui avait fallu batailler, lui le petit immigré, contre tous les gens déjà en place.

— Qu'est-ce que tu es allé faire chez Sonia ? lui demanda-t-elle sur le même ton.

— Tu m'as suivi... ?

— Ne réponds pas à mes questions par une autre question. Pourquoi es-tu allé chez elle ?

— Qui te dit que...

— Ne mens pas, je t'ai vu, l'interrompit-elle en se levant. Déshabille-toi.

Sacha la regarda en écarquillant les yeux.

— Ma Lili, tu ne vas quand même pas...

— Ne te fais pas d'illusion, le coupa-t-elle une nouvelle fois, j'ai eu ma dose tout à l'heure. Je veux seulement vérifier un point de détail.

— Qu'est-ce que tu veux vérifier ? Que je suis un homme ?

— Non, ça, je le sais. Mais tu m'as baisée deux

fois sans te déshabiller, alors je ne t'ai jamais vu à poil. J'aimerais te voir.

— Maintenant… ?

— Maintenant, oui !

Sacha avait compris depuis le début. Cette salope se doutait de quelque chose et voulait vérifier s'il portait des marques. Elle allait voir les traces de fouet et comprendre de quoi il s'agissait.

— Je n'ai pas le temps. Laisse-moi mon bureau et reprends ta place. Il faut que je m'occupe du dossier des Allemands. C'est toi-même qui m'as dit qu'ils étaient pressés.

— Ça peut attendre cinq minutes. Déshabille-toi ou j'en tirerai des conclusions qui ne te plairont certainement pas.

— Quelles conclusions ?

— Que c'est toi qui as tué Sonia.

Sacha encaissa l'accusation en retenant une grimace de dépit. C'était encore plus grave qu'il ne le craignait. Liliane était vraiment très proche de la vérité. Il fallait absolument qu'il désamorce la menace. Mais comment ?

Il éclata de rire, mais d'un rire forcé qui sonnait faux.

— Ne fais pas semblant de ne pas me prendre au sérieux, lui répéta Liliane. Déshabille-toi !

Il décida que la mauvaise plaisanterie avait assez duré. Finalement, elle ne pouvait rien contre lui. Elle était moins dangereuse que les flics s'ils avaient trouvé son journal avec ses empreintes dessus.

Il l'attrapa par le bras et la tira violemment.

Liliane fut éjectée du fauteuil et s'affala à plat ventre sur la moquette, la jupe retroussée dévoilant ses fesses blanches et nues.

— Fous le camp ! lui cracha-t-il à la figure, après avoir constaté qu'elle n'avait toujours pas remis sa culotte. Et remets-toi au travail. Ne crois pas que tu me fais peur et que tu vas prendre le pas sur moi parce que je t'ai baisée deux fois. Tu n'es qu'une petite secrétaire à la con et si tu continues de m'emmerder, je te vire !

Liliane se releva lentement en le regardant dans les yeux, le visage convulsé de rage. Visiblement, elle l'aurait volontiers tué.

— C'est bon, Sacha. Je m'en vais. Mais je te préviens, personne ne m'a jamais traitée de cette façon, et tu vas me le payer.

Elle sortit en claquant la porte.

Sacha se laissa tomber dans son fauteuil en s'efforçant de retrouver son calme.

Quelques minutes plus tard, il en était à se demander pourquoi il s'était ainsi laissé emporter et comment il allait se sortir du mauvais pas dans lequel il venait de se mettre.

*

* *

Gilles Spartacus s'assit devant Gribovitch et Mireille Garofalo, tout surpris de rencontrer en même temps, dans l'enceinte de la prison, son avocat et le policier qui l'avait arrêté. Une autre femme les accompagnait, plutôt ronde, mais sympathique. Elle avait posé devant elle sur la table un ordinateur portable.

— Monsieur Spartacus, commença l'avocate, vous connaissez déjà l'inspecteur Gribovitch. Et voici sa collaboratrice, l'inspecteur Anne Baroux, du même service, qui sera chargée d'enregistrer notre conversation. C'est la loi.

Spartacus hocha la tête, se demandant ce que tous ces gens allaient encore lui reprocher pour l'enfoncer davantage.

— Nous avons tenu à vous rencontrer ensemble, continua l'avocate, pour que vous nous racontiez à nouveau ce que vous m'avez dit quand nous nous sommes vus, concernant le pot de fleurs que vous avez rapporté à votre amie Louana Versant.

Spartacus écarquilla les yeux. Que venait faire ce plan d'anturium dans son affaire ?

— Ce n'était pas un pot de fleurs, c'était une vraie plante qu'il fallait replanter dans un endroit chaud et humide. C'est pour ça que je l'avais rapporté à Louana. Elle m'avait dit un jour que son mari avait une serre où il cultivait des fleurs et des fruits exotiques.

— Elle allait souvent dans cette serre ? demanda Gribovitch.

— Jamais, à ce qu'elle m'avait dit. Son mari ne voulait pas qu'elle y mette les pieds. C'était son domaine à lui. Il s'intéressait à l'horticulture, paraît-il. Mais elle m'a dit que pour cette fleur, elle allait l'obliger à l'accepter. Même que ça la faisait marrer de l'emmerder jusque-là !

— Savez-vous si elle l'a réellement plantée ? insista Mireille Garofalo.

— Je ne sais pas. Elle est partie avec le pot et on n'en a plus parlé. Quand on se voyait, je vous l'ai dit, c'était pour baiser, pas pour parler des fleurs !

L'avocate détourna pudiquement la tête et Gribovitch se demanda un instant si elle n'avait pas rougi. Il échangea un regard entendu avec Anne Baroux et revint à son sujet.

— Mais qu'est-ce que cette fleur vient faire dans mon histoire ? continuait Spartacus Moi, ce que je voudrais, c'est que vous me sortiez de là, maître. Pas que vous me rappeliez des souvenirs comme ça !

— Justement, répliqua maître Garofalo, cette fleur va peut-être vous sauver. L'inspecteur va vous expliquer.

— Une fleur et une mouche, Gilles, voilà vos alliés...

Il reprit les explications que Dallant lui avait données concernant la mouche, lui exposa le rapport avec la plante et lui expliqua comment ces diverses composantes du puzzle pouvaient le faire disculper.

— Je n'ai pas tout compris à votre histoire de mouche, mais je vois à peu près où vous voulez en venir, dit Spartacus. Moi, je vous ai dit la vérité. J'espère que vous arriverez à convaincre la juge que je suis innocent. C'est son salaud de mari qui l'a tuée, j'en suis sûr. Il l'a ensuite portée chez moi pour me faire accuser.

Gribovitch et Mireille Garofalo échangèrent un regard. Ils avaient leur déposition. Elle allait leur permettre de justifier une perquisition chez Raoul Versant.

Allaient-ils y trouver la preuve qu'ils recherchaient ?

*

* *

Liliane sortit du bureau la rage au ventre. Ainsi, son patron était un sadique, elle en était sûre maintenant, et c'est lui qui avait tué sa maîtresse. Il fallait qu'elle fasse quelque chose.

Les yeux rougis de larmes, elle traversa son propre bureau sous le regard stupéfait des secrétaires et des stagiaires et se précipita dans la rue.

À qui se confier ? À la police, bien sûr. Mais ce commissaire Ledru était-il fiable ? Sans aucun doute était-il corrompu. Sacha avait engagé deux de ses parents dans l'entreprise, c'était un service qu'on n'oubliait pas dans ce contexte de chômage généralisé et de conjoncture économique médiocre. Il ne croirait pas, ou ferait semblant de ne pas croire, ce qu'elle lui dirait, et l'affaire serait enterrée. A quelle autorité se confier ?

Versant… le député Versant !

Elle le connaissait pour l'avoir vu souvent à la Société de Constructions Bellifontaine. Sacha Oulianov était en relation d'affaires avec lui, mais c'est un député, une autorité locale. Si c'était lui qui allait raconter cette histoire au commissaire de police, nul doute que Ledru serait obligé de le prendre au sérieux.

Elle atteignit le parking de l'entreprise sans se soucier des secrétaires qui l'observaient depuis leurs fenêtres et monta dans sa voiture.

Si Sacha avait tué Sonia, peut-être même avait-il tué Louana Versant ? Les deux couples se fréquentaient beaucoup et s'invitaient mutuellement à dîner. Sacha était peut-être l'amant de la femme du député et il l'avait tuée pour des raisons que la police ne tarderait sans doute pas à découvrir si elle se mettait sur la piste. De la part d'un individu pareil, on pouvait tout craindre. Comment avait-elle pu tomber amoureuse de ce salaud ?

Où habitait-il, déjà, le député ? Ah, oui... Milly-la-Forêt... Elle y était allée une fois pour lui faire signer des papiers concernant un dossier de réparation sur une route départementale...

Elle fit une marche arrière en catastrophe, passa la première en oubliant de débrayer, au grand dam de sa boîte de vitesses qui hurla de douleur, et démarra sur les chapeaux de roues dans un impressionnant crissement de pneus martyrisés.

*

* *

Le député Raoul Versant avait la conviction que le travail était le meilleur dérivatif à tous ses problèmes personnels. Depuis une heure, il s'était mis à la préparation du rapport sur l'exercice en cours des finances départementales et n'avait pas pensé un seul instant à Oulianov, à Louana ni aux flics qui s'intéressaient à lui. Même Amalia avait senti qu'il ne fallait pas le déranger et s'était mise faire le ménage. Une véritable cure de jouvence. Courte, mais salutaire pour se refaire une santé morale.

Il allait mettre un point final à son texte quand il entendit des coups légers à la porte capitonnée du bureau. Il n'eut même pas le temps de répondre, la tête d'Amalia apparut dans l'entrebâillement.

— C'est une dame, elle a l'air énervée, lui dit-elle, presque en chuchotant comme si elle craignait que la visiteuse ne l'entende.

— Qu'est-ce qu'elle veut ?

— Elle n'a pas voulu me le dire. Elle dit seulement que c'est important et urgent.

Tous les solliciteurs estimaient leur affaire « importante et urgente ».

— Dis-lui de venir me voir à ma permanence en ville. J'y serai demain matin.

— C'est au sujet de la mort de votre femme !

Bousculant Amalia, Liliane venait d'apparaître dans l'encadrement de la porte, le visage défait et les cheveux en bataille.

— Laissez nous, Amalia, dit Versant.

Liliane entra pendant que la jeune femme se retirait en fermant la porte. Versant se dit qu'il avait déjà rencontré cette femme, mais où ? Il voyait tellement de monde...

Il se leva et alla donner un tour de clé. Il était sûr qu'Amalia essaierait d'écouter à la porte, mais elle était capitonnée.

— Asseyez-vous et racontez-moi ce qui se passe,

mademoiselle. Je crois vous voir déjà vue quelque part...

— A la SCB... la Société de Constructions Bellifontaine. Je suis la secrétaire particulière de monsieur Oulianov.

— Exact... j'aurais dû m'en souvenir. Qu'avez-vous à m'apprendre sur la mort de Louana ?

— Je crois connaître l'assassin de votre femme, lui dit-elle en prenant place en face de lui. Je pense à mon patron... Sacha Oulianov.

Versant en resta bouche bée. Cette fois, c'était vraiment nouveau ! Il n'avait jamais pensé à faire accuser son acolyte, mais après tout, pourquoi pas ? Ce serait une nouvelle piste vers laquelle orienter les flics.

— C'est très grave, ce que vous me dites là, fit-il observer d'une voix douce. Racontez-moi ce que vous savez...

Liliane se lança dans une longue explication sur ses relations avec son patron, sur ce qu'elle avait découvert de son sado-masochisme et sur les conclusions qu'elle en avait tirées. Le député écoutait attentivement, cherchant comment exploiter la situation nouvelle qui se présentait à lui.

— Tout cela est très intéressant, mademoiselle, dit Versant quand elle se fût arrêtée, mais vous n'avez aucune preuve de ce que vous avancez.

— Moi, non. Mais la police pourrait en trouver. Si on le fait déshabiller, je suis sûre qu'il porte les marques de son vice.

Versant hocha la tête. La fille avait raison, mais

comment s'y prendre pour les prévenir sans se mouiller vraiment ?

Il fallait qu'il trouve une solution pour exploiter sans tarder ce filon inespéré.

CHAPITRE XVI

— A droite !

Anne Baroux, réquisitionnée pour la circonstance, conduisait la Renault 21 et Gribovitch l'orientait d'après le plan de Milly-la-Forêt qu'il avait trouvé sur son guide de la banlieue. La ville n'était pas grande, mais les villas y étaient plus belles les unes que les autres. Celle du député Versant était nichée dans le quartier résidentiel le plus huppé.

— C'est pas un fauché, ton député ! fit remarquer Anne en lui montrant les maisons qui les entouraient.

— D'abord, ce n'est pas « mon » député. Ensuite, si les députés devaient rester pauvres, il y aurait moins de candidats aux élections.

Derrière eux, la juge d'instruction Chantal Bouchaud avait pris place dans une autre voiture en compagnie de sa greffière.

Après son entretien avec Mireille Garofalo, ils étaient allés tous les deux la prévenir de ce que Spartacus leur avait dit et des théories de Dallant sur l'origine de la *cochlyimya macelaria*. Ils lui avaient ensuite exposé leur conclusion : la nécessité de perquisitionner dans la serre du député Versant.

— C'est un acte important et délicat, avait dit la juge. Il vaut mieux que j'y aille avec vous.

Gribovitch avait rappelé le commissaire Ledru, qui lui avait laissé un message. Le policier lui avait parlé des empreintes de Sacha Oulianov retrouvées chez Sonia Michaud, mais il avait décidé de laisser cette affaire de côté pour l'instant. Rien ne prouvait encore que les deux meurtres soient liées et la perquisition était plus urgente. Il valait mieux battre le fer pendant qu'il était chaud.

Deux breaks Peugeot les suivaient, chargés de policiers en civil et en tenue, dont l'un accompagné de son chien-pisteur, un magnifique berger allemand. A son grand dam, le commissaire Griffon n'avait pas pu venir, convoqué au ministère pour une réunion des chefs de services prévue de longue date.

— C'est là ! dit enfin Gribovitch en montrant un portail en fer forgé prolongé de murs hauts de plus de trois mètres surmontés de tessons de bouteilles.

Anne engagea la voiture sur le bateau correspondant au portail et les deux breaks s'arrêtèrent derrière elle. Une petite Rover verte était garée sur le trottoir.

— Je vais sonner, dit Gribovitch en descendant.

Il s'approcha de la grille et appuya sur le bouton de l'interphone.

— Oui…

C'était une voix féminine. Sans doute la bonne.

— Police. Inspecteur Gribovitch. Ouvrez, s'il vous plaît.

Il y eut un instant de silence, puis les deux battants de la grille s'écartèrent lentement.

Gribovitch fit signe à Anne de le suivre et pénétra à pied dans le parc de la villa. Les roues des trois voitures crissèrent derrière lui sur les gravillons du chemin.

Raoul Versant les attendait sur le perron de la maison, les mains dans les poches. Il descendit les marches et se dirigea vers Alex, visiblement furieux.

— Que signifie cette invasion ?

Les autres policiers étaient en train de descendre de voiture, attendant les ordres. La juge s'approcha du député.

— Monsieur Versant, je suis le juge d'instruction Chantal Bouchaud, chargée du dossier concernant l'assassinat de votre épouse. Nous venons perquisitionner chez vous, car nous pensons pouvoir y trouver des preuves nous permettant de découvrir la vérité. Avez-vous une serre, monsieur le député ?

— C'est intolérable ! J'appelle mon avocat ! tonna Versant.

— Vous en avez le droit. Je vous demande seulement si vous avez une serre.

— Une serre ? répéta le député, légèrement déstabilisé. Oui, j'ai une serre… là-bas…

Il montrait au fond du parc les toits en verre d'un petit bâtiment tout en longueur.

— Accompagnez-nous y, s'il vous plaît.

Elle se dirigea vers l'endroit indiqué, suivie de Gribovitch et des policiers.

— Et mon avocat ? réclama Versant.

— Inspecteur, dit-elle en se tournant vers Gribovitch, pouvez-vous prêter votre téléphone portable à monsieur le député ?

Alex lui tendit son appareil et Versant composa le numéro pendant qu'ils s'approchaient de la serre. La porte n'en était pas fermée à clé et la juge l'ouvrit sans difficulté.

Elle resta suffoquée devant la chaleur, et surtout devant le spectacle qui s'offrait à elle. Quel changement par rapport aux murs gris et au béton qui entouraient son bureau parisien ! Des roses, des orchidées, des glaïeuls de toutes les couleurs... des fraises, des groseilles comme dans les jardins de son enfance... des tomates, des haricots verts, des salades encore en gestation ou, au contraire, prêts à être dégustés... Le député Versant était visiblement un excellent jardinier-horticulteur. Le mur du fond était recouvert d'un paysage exotique en trompe-l'œil représentant une mer turquoise bordée de sable blanc et de palmiers sous un ciel bleu piqueté de petits nuages.

Les policiers se tenaient derrière elle, attendant son signal pour entrer. Mais il fallait d'abord que le chien intervienne avant que toutes les odeurs ne soient brouillées.

— Monsieur Versant, avez-vous un vêtement ayant appartenu à votre épouse ? demanda Gribovitch au député, qui avait fini de passer son appel téléphonique.

— Mon avocat va arriver, lui répondit le député. Vous attendrez...

— Je n'en vois pas l'intérêt, intervint la juge. Vous ne pouvez pas vous opposer à une perquisition, surtout que nous ne sommes même pas dans votre domicile, mais dans l'une de ses dépendances où ne sont pas censées se trouver des documents secrets concernant votre activité politique.

Versant réfléchit un instant, puis renonça.

— D'accord, madame le juge. Je vais le chercher…

— Le policier va vous accompagner, lui dit Gribovitch.

— Dois-je comprendre que je suis en garde à vue ? s'offusqua le député.

— Pas du tout, le rassura Alex. Mais le chien doit avoir un vêtement vierge de toute autre odeur. Il ne faut donc pas que vous le touchiez. C'est son maître qui le prendra dans le tiroir ou dans l'armoire.

Versant ne répondit pas et se dirigea vers la maison, le maître-chien et son animal sur les talons.

— Là-bas, inspecteur… un anturium…

Un brigadier de police venait de parler dans l'oreille de Gribovitch. Il lui montrait un plan de fleurs rouge orangé, superbe, planté légèrement à l'écart des autres plantes. Alex l'avait fait venir exprès, car il avait été en poste pendant cinq ans à la Martinique et savait exactement à quoi ressemblait un anturium.

Raoul Versant revenait, accompagné du maître-chien et de son animal, auquel il faisait sentir un sweat-shirt jaune. Les policiers s'écartèrent pour les laisser passer.

Tenu en laisse par son maître, le berger allemand entra dans la serre, avançant le nez collé au sol qu'il reniflait avec conviction. Il chercha un moment sa voie, puis partit d'un seul trait en direction de la fleur que le policier avait montrée. Il s'arrêta à un mètre du plan d'anturium et se mit à gratter le sol. Il allait et venait sur une longueur de deux mètres environ, comme s'il sentait l'odeur recherchée sur toute cette distance.

— C'est là ! dit le maître-chien en retenant son animal.

— Restez ici, dit Gribovitch aux autres policiers en entrant dans la serre. Allons-y, madame le juge.

Suivi du magistrat, il avança dans la serre et s'approcha du policier et du chien.

— Qu'est-ce qu'on peut déduire de son attitude ?

— La femme est venue ici et apparemment, elle a dû y être allongée. Le chien a délimité une surface assez étendue et toute en longueur.

— C'est faible, comme indication, dit Chantal Bouchaud. Vous ne pouvez rien me dire de plus ?

— On va voir...

Il reprit le sweat-shirt ayant appartenu à Louana Versant et le fit sentir à nouveau à l'animal.

— Cherche, mon chien, cherche...

Le berger se remit le nez au sol et tourna pendant quelques instants sur lui-même. Puis, il partit en direction du fond de la serre, restant sur l'allée principale jusqu'au mur recouvert du trompe-l'œil. Là, il piqua brusquement sur la droite, s'engagea derrière un groseillier et se dressa contre le paysage exotique en jappant et en regardant son maître, les oreilles à la verticale, fier de lui.

— Qu'est-ce qu'il y a, mon chien ? Tu vois bien que c'est le mur !

Il lui caressa la tête et le tira en arrière.

— Que se passe-t-il ? lui demanda Gribovitch.

— Je ne sais pas... On dirait qu'il a senti la présence de la femme derrière ce mur.

— Elle n'est pas emmurée puisqu'on a retrouvé son corps, objecta Chantal Bouchaud.

— Gribo...

Alex se retourna et aperçut Anne Baroux qui l'appelait de la porte.

Comme les autres, elle avait respecté la consigne de ne pas entrer dans la serre tant que le chien y travaillait.

Il revint vers elle, se demandant ce qu'elle lui voulait.

— Viens voir, lui dit-elle en l'attirant dehors.

Le guidant par la main, elle le fit longer la serre en direction du fond du parc.

— Pendant que tu faisais joujou avec le chien-chien, je suis venue voir les environs. Regarde, lui dit-elle en s'arrêtant. Tu ne remarques rien ?

Elle s'était tournée vers la serre et la lui montrait. Gribovitch observa les vitres, à travers lesquelles apparaissaient les plantes et le paysage exotique, puis le mur qui en marquait la limite, à moitié caché dans un bosquet de fougères et d'arbustes.

— Il y a un décalage ! murmura-t-il doucement.

— Exactement ! A mon avis, la serre va plus loin

que les vitres. Il y a un espace caché entre le mur extérieur et l'espace cultivé à l'intérieur de la serre.

— Voilà pourquoi le chien gratte contre cette paroi..., murmura Gribovitch, pensif. Voyons s'il y a une entrée...

Ils firent le tour de l'extrémité du bâtiment, s'engageant dans les fourrés pour longer le mur, à la recherche d'une porte ou d'une fenêtre, mais sans succès.

— Il doit y avoir une ouverture secrète à l'intérieur, dit Gribovitch.

Ils rejoignirent l'entrée de la serre, où la juge Chantal Bouchaud attendait toujours en compagnie du député et des autres policiers.

— Monsieur Versant, avez-vous un local inutilisé au bout du bâtiment ? demanda Gribovitch.

Il vit le député se troubler légèrement, mais il ne tarda pas à retrouver son sang-froid.

— Un local inoccupé... non. Du moins pas à ma connaissance.

— Nous sommes bien chez vous, ici ? ironisa la juge, qui commençait à voir où Gribovitch voulait en venir.

— Bien sûr, mais j'ai acheté la maison en l'état. Ce n'est pas moi qui l'ait fait construire. S'il y a un local vide à cet endroit, je l'ignore.

Un tremblement de la lèvre à peine perceptible, un regard qui fuyait le contact, visiblement, il mentait.

— Allons voir..., décida Gribovitch.

Il pénétra à nouveau dans la serre et se dirigea

vers le mur du fond en trompe-l'œil, celui qui devait correspondre à la partie qu'il avait vue de l'extérieur. La paroi recouverte de papier fort en était lisse.

Il se glissa sur la droite de l'allée derrière le groseillier, dont il repoussa les branches les plus hautes, et finit par apercevoir ce qu'il cherchait : un interstice entre le mur latéral et la paroi.

Il réussit à y introduire le bout des doigts et tira sur le côté : le mur en trompe-l'œil bougea légèrement. Il insista et l'extrémité de la paroi se décolla légèrement du mur latéral. Sur sa gauche, un interstice s'était créé à hauteur du tronc de l'un des palmiers. Il posa la main dessus et poussa. Toute la partie droite de la paroi s'ouvrit brusquement en coulissant derrière le pan de gauche, laissant apparaître une vaste cavité aménagée en un confortable bureau.

Un silence se fit dans le petit groupe, stupéfait de cette découverte. Seul le chien pisteur semblait ravi et poussait de petits jappements de plaisir et peut-être de fierté.

Gribovitch pénétra dans la pièce, suivi de la juge et d'Anne Baroux, qui surveillait du coin de l'œil les réactions de Raoul Versant. Un bureau... une armoire... des classeurs... et même un ordinateur la meublaient. Pas de toiles d'araignées ni de poussière. Visiblement, la pièce était utilisée régulièrement...

— Naturellement, monsieur le député, vous ignoriez tout de la présence de cet emplacement, ironisa la juge Chantal Bouchaud en regardant Versant, qui avait baissé la tête.

— Madame le juge, mon client ne répondra pas à vos questions !

Une voix tonitruante venant de la porte de la serre fit retourner tout le monde. Un homme était entré et s'avançait vers eux avec assurance. De stature imposante, vêtu d'un costume sombre de bonne coupe, il portait une serviette de cuir noir à la main.

— Maître Lesage, lui dit la juge, je suis ravie de vous voir, mais je crains qu'il n'y soit contraint dans les plus brefs délais.

Gribovitch sursauta. Maître Lesage, le patron de la belle Mireille Garofalo... Comment était-il possible que dans la même affaire, le patron défende un suspect alors que son employée défendait le deuxième ?

Il préféra ne pas approfondir ce genre de problème, qui relevait de la déontologie professionnelle.

— Madame le juge, nous en parlerons dans votre cabinet, si vous le voulez bien.

— Comme vous voudrez, maître. En attendant, votre client ayant manifestement menti à tout le monde, je le place sous mandat de dépôt.

— Madame le juge, vous vous rendez compte de ce que vous faîtes ? s'offusqua l'avocat, le sourcil haut. Il s'agit d'un élu du peuple !

— Maître, les élus du peuple devraient être les premiers à respecter la loi, puisque ce sont eux qui la font. En la circonstance, nous sommes dans une affaire de meurtre. Passez demain matin à mon cabinet, nous en parlerons.

La juge s'installa au bureau dans le réduit. Sa greffière lui tendit un imprimé de mandat de dépôt. Elle le remplit, puis le tendit à Gribovitch.

— Emmenez-le aussi discrètement que possible, lui dit-elle.

— Monsieur le député, si vous voulez bien me suivre, dit Gribovitch.

Raoul Versant n'opposa aucune résistance. Il semblait brisé et s'installa dans la voiture de police sans réagir. Un ressort s'était cassé en lui. Sur le perron de la maison venaient d'apparaître deux femmes aussi surprises l'une que l'autre de ce qui se passait : Amalia et Liliane.

— Ne parlez pas, lui dit maître Lesage alors que la voiture démarrait. Je m'occupe de vous.

— A quoi bon, maître ? lui répondit Versant. Puisque je l'ai tuée, il faut bien que je paie...

La voiture s'éloigna, conduite pas Anne Baroux.

Il était temps : à peine avaient-ils atteint le premier carrefour qu'ils croisaient une voiture de RTL, suivie de France 3, de Europe 1 et de France-Inter. Le téléphone journalistique avait bien fonctionné et la curée allait commencer !

CHAPITRE XVII

— Si vous nous racontiez ce qui s'est exactement passé, monsieur le député, on gagnerait du temps ! insista Chantal Bouchaud.

Depuis une demi-heure, elle était face à Raoul Versant, assisté de maître Lesage. Elle avait procédé à l'interrogatoire de première comparution, mais aurait aimé que le député en dise davantage sur l'affaire.

Sur son bureau trônait un paquet de documents saisis dans la cache aménagée derrière la serre : des factures, des bons de commande, des relevés bancaires, des disquettes informatiques qui n'avaient pas encore été décryptées...

— Mon client n'a pas à répondre, protesta l'avocat. Je n'ai pas eu le temps de le conseiller avant cette entrevue.

— Laissez, maître, intervint Versant. Un peu plus tôt ou un peu plus tard, quelle importance ? Peut-être la justice sera-t-elle plus compréhensive si je me montre beau joueur.

— Excellent raisonnement, monsieur le député. Je vous écoute.

— Tout a débuté il y a une dizaine d'années, quand je suis entré en politique, commença Versant. Je me suis vite rendu compte qu'il y avait moyen de gagner beaucoup d'argent avec les marchés publics pour lesquels j'étais décideur. J'ai donc commencé à demander des commissions aux uns et aux autres...

— En liquide, évidemment... fit préciser la juge.

— Évidemment... Vous trouverez tous les détails dans la comptabilité que vous avez ici, continua Versant en montrant les documents posés sur le bureau du juge. J'avais aménagé ce bureau dans le fond de ma serre. Louana n'y venait jamais et je pouvais travailler sur mes affaires sous couvert de soigner mes plantes. Elle menait sa vie et moi la mienne. Tout allait très bien, jusqu'au jour où...

Il s'arrêta, ému. Visiblement, il peinait à se remémorer les événements qui avaient fait de lui un assassin.

— Ne parlez pas tant ! Attendez que je prépare votre défense, en profita pour lui répéter maître Lesage.

Mais le député semblait disposé à vider son sac.

— Un matin, Louana est arrivée dans la serre à l'improviste. Elle revenait de chez son amant et tenait dans les mains un plan d'anturium qu'il lui avait offert. Elle voulait le planter là. J'étais tellement occupé à mettre mes papiers en ordre que je ne l'ai pas entendue entrer. Elle a ainsi découvert mon secret. Elle était surexcitée ! Tout cet argent dont je ne lui avais jamais parlé ! Dès lors, elle m'a menacé de tout raconter à la justice ou à la presse si je n'acceptais pas le divorce à mes torts et si je ne lui laissais pas tout ce que j'avais, c'est-à-dire essentiellement cette maison, plus une pension alimentaire exorbitante. Impossible de la raisonner, madame le juge. Une vraie folle !

— Circonstance atténuante, madame le juge, observa maître Lesage.

— Maître, nous n'en sommes pas aux plaidoiries, lui répondit la juge. Donc, vous l'avez tuée..., continua-t-elle en se tournant à nouveau vers le député.

— Je me suis énervé, je le reconnais. J'ai vu brusquement ma carrière brisée... la honte sur ma famille... J'ai attrapé une bêche posée contre ce mur et je l'ai frappée sur la tête avec le manche. Je ne pensais pas avoir frappé fort, mais elle est tombée...

— Un accident, madame le juge... un accident... pas un assassinat ! intervint maître Lesage.

— Mais vous avez continué de frapper ! fit remarquer la juge sans répondre à l'avocat. Elle avait plusieurs fractures du crâne, d'après l'autopsie.

— Je ne savais plus ce que je faisais. J'étais aveuglé par la colère. Cette femme que j'aimais, mais qui me trompait depuis des années et qui maintenant voulait que je lui sacrifie tout, c'était trop injuste !

— Vous n'aviez pas à vous faire justice par vous-même.

— C'est une réaction bien compréhensible, madame le juge, intervint l'avocat. Un homme ne peut pas subir toute sa vie les infidélités et les moqueries de son épouse sans réagir un jour !

— Quand je me suis rendu compte de ce que

j'avais fait, j'ai cherché à m'en sortir, poursuivit Versant en négligeant les interruptions. Je ne voulais pas de scandale. Je l'ai donc laissée dans la serre en attendant de trouver une solution.

— Et c'est là que la mouche a pondu sur ses vêtements..., conclut la juge.

— Pardon ? s'étonna maître Lesage.

— Rien, maître. Vous comprendrez en lisant le dossier technique.

— J'y ai réfléchi toute la journée et le soir, je pensais avoir trouvé une solution, continua Versant. J'ai chargé le corps de Louana dans ma voiture et je l'ai porté chez son amant. Je savais qu'il jouait dans un orchestre et qu'il n'était pas chez lui la nuit. Comme elle avait une clé de son taudis, j'ai pu la mettre dans son lit et je suis rentré. Je me disais qu'il allait certainement appeler la police et que c'est lui qu'on accuserait, mais j'avais oublié qu'il avait déjà eu des problèmes avec les fl... avec les policiers. Il n'a donc pas réagi du tout comme je l'escomptais.

— Et au bout de huit jours, vous vous êtes demandé ce qu'était devenu le corps de votre épouse.

— C'est pourquoi je suis allé voir la police. Vous connaissez la suite...

— Vous avez bien failli réussir, admit la juge, presque admirative.

— Eh oui, madame le juge. Mais j'ai échoué.

— Et la voiture de votre épouse ?

— Dans un étang, à quelques kilomètres d'ici. Je vous montrerai...

Un an plus tard...

L'homme sortit dans la cour de la Centrale pour la promenade quotidienne sous la surveillance des gardiens. Il savait qu'il était là pour vingt ans, et la monotonie de la prison lui pesait déjà. Ces journées à l'emploi du temps immuable... ces visages toujours identiques. Parviendrait-il à s'y habituer, lui qui avait toujours mené une vie tellement active ?

Brusquement, il sursauta. La silhouette voûtée qu'il venait d'apercevoir là-bas... à l'autre bout de la cour... n'était-ce pas...

Il s'en approcha et dut se rendre à l'évidence.

— Sacha... ? demanda-t-il.

L'entrepreneur avait maigri. Ses cheveux avaient blanchi, mais il n'avait pas tellement changé.

— Tiens, Raoul... Je te croyais à Fleury...

— J'aurais préféré, mais ils m'ont collé à Melun. Pas un cadeau ! Alors ils t'ont eu, toi aussi. J'ai lu ça dans les journaux.

— Pour Sonia... ce salaud de Gribovitch a réussi à démontrer que c'était moi qui l'avais tuée... A cause de mes empreintes sur un journal. C'est bête quand même...

— Ne te plains pas. Moi, c'est à cause d'une mouche !

Achevé d'imprimer en mai 1997
sur les presses de l'Imprimerie Bussière
à Saint-Amand (Cher)

VAUVENARGUES - 14, rue Léonce Raynaud - 75116 Paris
Tél. : 01-40-70-95-57

— N° d'imp. 977 —
Dépôt légal : juin 1997

Imprimé en France